吉林工程技术师范学院学术著作出版专项

新质生产力视域下

人工智能赋能企业绩效的作用研究

郭宇红 / 著

企业管理出版社
ENTERPRISE MANAGEMENT PUBLISHING HOUSE

图书在版编目（CIP）数据

新质生产力视域下人工智能赋能企业绩效的作用研究 / 郭宇红著. -- 北京：企业管理出版社，2024. 11.
ISBN 978-7-5164-3172-6

Ⅰ. F272.5-39

中国国家版本馆CIP数据核字第2024FF5503号

书　　名	新质生产力视域下人工智能赋能企业绩效的作用研究
书　　号	ISBN 978-7-5164-3172-6
作　　者	郭宇红
责任编辑	宋可力　赵　琳
出版发行	企业管理出版社
经　　销	新华书店
地　　址	北京市海淀区紫竹院南路17号　邮　　编：100048
网　　址	http://www.emph.cn　　电子信箱：emph001@163.com
电　　话	编辑部（010）68701074　发行部（010）68417763　68414644
印　　刷	北京亿友数字印刷有限公司
版　　次	2024年11月第1版
印　　次	2024年11月第1次印刷
开　　本	710mm×1000mm　1/16
印　　张	12
字　　数	239千字
定　　价	68.00元

版权所有　翻印必究　·　印装有误　负责调换

前言
PREFACE

21世纪以来,全球经济舞台充满无尽机遇,也面临诸多挑战。随着信息技术、人工智能、大数据、云计算、区块链等新兴技术的加速革新与突破,科技创新逐渐成为全球经济增长的主要动力,传统增长模式和生产力提高路径已经无法追上社会发展的步伐,新质生产力应运而生。新质生产力以"新"为名,体现在新技术、新模式、新产业、新业态、新领域、新赛道、新动能、新优势等多个维度;而"质"的精髓在于促进经济增长的高效能、高效率和高质量。新质生产力的核心动力是科技创新,其摒弃传统增长模式,引领现代经济体系迈向高质量发展之路。尤其在新兴和未来产业中,新质生产力已经或即将彰显出其独特价值。

在技术层面,新质生产力融合了人工智能、物联网、5G通信、区块链等尖端科技,正逐步改变各行各业的生产与运营方式。例如,制造业运用人工智能可实现自动化和数字化,提升工作效率和产品质量;金融领域借助大数据和智能风控可以提高服务效率和项目的安全性。

在模式上,新质生产力也带来了共享经济、平台经济等新兴商业模式。共享经济通过优化资源配置,减少浪费,提升资源的使用效率;平台经济构建开放互联的商业生态系统,实现企业与用户的直接互动。新质生产力不仅挖掘出经济的增长潜力,也为全球环境保护和资源节约提供应对策略。例如,新能源汽车的普及减少了温室气体的排放,推动了能源结构的全面升级。在新业态形成方面,数字经济等新业态通过新零售、智能制造、智慧城市等线上线下融合方式,提升消费者的购物体验,提高人们的生活品质，推动传统产业的数字化升级。在新兴领域，新质生产力进一步渗透到无人驾驶、智能家居、虚拟现实等新兴领域，为企业和产业创造新的市场机遇，为其持续创新提供了强大动力。在新赛道上，新质生产力使企业在技术和市场两个维度抢占先机，提升企业在全球产业链中的整体竞争力。在新动能层面，新质生产力通过科技创新和制度创新激发更广泛的创新活力，推动技术进步、管理创新与制度改革，提升全要素生产率，促进经济实现高质量发展。在新优势层面，新质生产力的作用主要体现在企业的国际竞争力方面，企业借助技术创新、模式创新及产业升级，在产品质量、生产效率和市场占有率等方面取得优势，增强国际竞争力。

当下的经济环境中，人工智能已经成为推动企业发展和可持续成长的重要动力。基于数据挖掘、机器学习、自然语言处理等技术，人工智能可显著提升企业的生产效率、运营管理水平，为企业注入新的增长活力。在生产与自动化方面，人工智能的引入使智能机器人自动化生产线得以应用，在一定程度上提高了生产效率，降低了生产成本，保障了产品质量与效益的持续提升。例如，智能制造系统的实时监控和数据分析功能可优化生产流程，减少故障和停机时间，提高整体生产效率。在运营管理方面，人工智能帮助企业通过大数据分析精准预测市场需求、优化库存管理、降低成本。在决策支持与风险管理层面，人工智能为企业提供了快速且精准的决策支持，智能风控系统可以实时监测市场动态、评估风险指标，帮助企业灵活调整策略，规避潜在风险。在创新驱动与研发提升方面，可充分运用智能数据挖掘和分析技术，加速新产品的研发和市场推广。

不难发现，人工智能已成为新质生产力的核心要素之一，在多个领域，包括生产、运营、决策、创新、人力资源管理等方面，展现出深远且广泛的影响力。有效运用人工智能，企业可逐步提升绩效，登上跨越式成长阶梯，积极推动行业的优化升级，促进经济高质量发展。企业应积极拥抱人工智能，深入挖掘其在各领域的巨大潜力，不断增强自身的创新能力。

在理论层面，新质生产力的提出是对传统生产力理念的重大突破，应把握新时代发展的脉搏，解决传统模式的短板问题，强调以知识、技术、创新为核心生产要素，倡导运用现代化科技创新和知识创造提升全要素生产率，推动经济高质量发展。从实践角度来看，人工智能可以从根本上改变企业的生产方式，从而降低企业的运营成本。从人力资源的角度来看，人工智能的应用有以下三点优势：一是提升了招聘效率；二是员工绩效分析系统可以优化绩效考核机制；三是智能培训系统可为企业量身打造培训方案，提高员工的技能水平与岗位适应能力。

基于此，本书致力于深入探讨新质生产力视域下人工智能如何有效赋能企业绩效的内在机制，全面揭示人工智能对企业发展的深远影响，为企业管理实践提供新思路，助力企业在激烈的市场竞争中稳步前行，提升企业综合竞争力。本书从企业层面出发，聚焦新质生产力，剖析人工智能的优势与潜力，尝试为企业绩效的提升开辟新的赋能路径，助力企业实现"提速换挡"，在新时代背景下实现跨越式发展。本书挖掘了人工智能的应用价值，旨在引导企业在积极应对市场环境变化的过程中勇于创新。同时，本书注重数据的重要性，引导企业加强数据管理，提升数据质量。此外，本书还着重探讨了资源柔性、协调柔性的重要性，深入探究如何将市场响应决策高效转化为企业绩效。研究和应用人工智能，能够使企业产生更多绩效，适应新质生产力视域下的深度转型，实现企业快速、稳健发展的目标，有力推动经济社会的持续创新与发展。

尽管坊间不乏探讨人工智能及其应用的著作，但在人工智能与企业绩效关系的研究上，尚缺乏结合发展战略与当前形势的深入剖析。基于此，本书旨在填补研究空白，在新质生产力视域下深入探讨人工智能对企业绩效的深远影响。本书采用严谨且系统的研究框架，基于理论分析，针对关键驱动因素进行深入研究，对作用机制的核心进行探讨，最后对整个研究过程进行总结。在研究方法上，本书摒弃对单一因素的孤立分析，选择对多因素协同作用进行综合考察。相信本书能够为相关领域的研究和实践提供有益参考。

目 录
CONTENTS

第一章 新质生产力与人工智能 001
  一、背景阐述 001
  二、对新质生产力的系统剖析 002
  三、辩证地认识新质生产力的内涵 006
  四、与新质生产力更相适应的生产关系 011
  五、人工智能对新质生产力的影响 017
  六、人工智能赋能新质生产力的理论逻辑 023
  七、人工智能赋能新质生产力的发展路径 028

第二章 基于上市公司经验的人工智能与企业绩效影响作用分析 034
  一、研究背景 034
  二、相关文献综述 035
  三、人工智能与企业绩效的理论分析及假设 041
  四、人工智能与企业绩效的实证研究 043

第三章 人工智能采用程度对企业创新绩效的影响分析 074
  一、研究问题 074
  二、理论基础 077
  三、相关文献综述 079

四、人工智能采用程度的驱动因素研究 089
　　五、人工智能采用程度对企业创新绩效的作用机制实证分析 114
　　六、人工智能采用程度对企业创新绩效的作用机制讨论 142

第四章　人工智能研发投入对企业绩效的影响研究 148
　　一、研究背景 148
　　二、相关概念基础 149
　　三、相关理论 151
　　四、研究设计 154
　　五、实证分析 159
　　六、案例分析 166
　　七、对策建议 175

参考文献 177

第一章
新质生产力与人工智能

一、背景阐述

在当前的时代背景下,数字技术正以前所未有的速度迅猛发展,推动社会不断进步。其中,人工智能等高新技术已渗透到各行各业,成为推动社会进步的关键力量。技术的深度融合与相互作用促进了行业的数字化转型,从根本上重塑了全球经济结构和社会发展新范式。

从历史视角来看,每一次技术革命都伴随着生产力的飞跃式发展。当下,以数字化、网络化和智能化为鲜明特征的科技革命正在全球范围内兴起。面对新一轮的科技革命和产业变革,我们必须把握历史机遇,加大科技创新力度,推动战略性新兴产业实现跨越式发展。为了有效整合科技创新资源、引领新兴产业发展和加速新质生产力的形成,应优化科技配置资源,加强基础研究和应用研究的深度融合,推动科技成果的转化和产业化进程。同时,还应完善创新生态系统,充分激发全社会的创新活力和创造潜能,为推动我国经济社会持续健康发展提供强有力的科技支撑。

新质生产力具备以下三个方面的鲜明特性。第一,在生产基础方面,新质生产力强调以新兴劳动资料为基础,特别是大数据、人工智能等技术,致力于实现智能化、自动化的发展,体现了新质生产力背后依托的新兴物质基础。第二,在关键要求层面,新质生产力将高质量发展作为核心追求,致力于实现高品质、高效能、可持续发展,运用人工智能等尖端科技手段,不仅深刻诠释了新发展理念的精髓,而且落实了高质量发展的严格标准。第三,在发展目标上,新质生产力致力于运用科技创新成果,推动传统产业的绿色转型,关注新能源、高端制造等新兴产业的发展,培育持久的发展动力，凸显了新时代对于人与自然和谐共生的新责任、新思维、新行动，彰显人类对自然认知的重大转变。

深入剖析新质生产力的核心要素时，可发现生成式人工智能（Artificial Intelligence Generated Content，AIGC）作为人工智能领域的新兴成果，不仅占据重要地位且发挥了积极作用。应用 AIGC，可推动新质生产力高质量、创新性发展。在生产设备领域，AIGC 的广泛应用极大地提升了设备智能化程度，使其准确开展数据分析和程序控制，推动生产过程逐步迈向自动化、高度智能化的创新阶段。具体而言，AIGC 融合深度学习和大数据技术，为生产设备赋予强大的数据处理能力，使其高效应对各种复杂场景。

学术界已对新质生产力的发展进行了系统而深入的研究，积累了丰富的研究成果。众多学者从新质生产力的特征、内涵、创新发展路径等多个维度进行全面阐释与分析。例如，周文等学者探讨了新质生产力的内涵特征，挖掘关键着力点；蒲清平等学者对新质生产力的生成逻辑、理论创新及时代价值进行深入解读；周绍东等学者聚焦于新质生产力推动创新发展的政治经济学分析；令小雄等学者则从时空、结构和科技三个维度对新质生产力展开研究；魏崇辉则重点探讨了新质生产力的含义、历史演进及实践路径。

二、对新质生产力的系统剖析

新质生产力对资源整合创新具有重要意义，因此应通过积极培育新能源、新材料发展电子业及制造业，大力扶持未来产业的成长，同时通过构建新质生产力来增强发展新动力。下面，笔者将对新质生产力的内涵、特征等进行全面而深入的探讨。

（一）新质生产力的内涵

新质生产力与传统生产力有着本质的区别。其以科技创新为核心驱动力，以现代化产业链为重要支撑，以追求经济发展质量和效益为根本目标。

新质生产力主要从以下几个方面体现了其与传统生产力的鲜明差异。其一,传统生产力主要依托成熟技术,如内燃机和电力。然而,当今时代,科技领域发生了巨大变化,新质生产力积极拥抱高新技术,如大数据处理、云服务、机器学习、区块链技术及物联网连接等,前沿技术正成为推动现代社会发展的关键力量。其二,在传统经济模式下,经济增长高度依赖于土地、劳动力和资本等传统生产要素的密集投入。与之形成鲜明对比的是,新质生产力高度重视技术和智力资本的作用,强调数据、信息流、教育及管理创新等无形要素,在现代经济体系中展现出强大的变革潜能,使经济增长更具有可持续性。其三,随着数字化和全球化的深入发展,现代消费者的需求日益多元化和个性化。新质生产力致力于满足人们高层次的生活需求,如具有个性化的产品和服务、优质的生活体验等,为经济发展注入了新活力。其四,在新质生产力的推动下,传统产业不断向新兴产业转型升级,通过技术创新实现自我革新。产业结构优化升级不仅提升了产业的国际竞争力,还促进了新产业链的形成和发展,为经济的动态平衡和持续增长奠定了坚实基础,更好地满足了现代社会的需求。

随着新质生产力的崛起,以新一代信息技术、生物技术、新能源、新材料及高端装备制造等为代表的战略性新兴产业正日益成为引领经济发展的新增长点。其代表了科技创新的制高点,尽管尚处于起步阶段,但已展现出巨大的发展潜力。新型生产模式包含数字技术、低碳技术和新能源技术等,该模式正深刻改变着企业的生产方式、市场运行机制,使其逐渐朝着数字化、环保化转型。

(二)新质生产力的特征

新质生产力的特征体现在以下三个方面。第一,科技创新作为推动高质量发展的核心动力源,尤其在动力变革与动能转换的进程中占据着举足轻重的地位。我国在高科技领域取得了明显进步,如人工智能和5G通信等领域的积极成果,充分彰显了科技创新在新质生产力发展中的关键作用。第二,随着生产方式日益智能化和信息化,培养高素质的劳动力,对于新质生产力的发展具有重要作用。因此,可通过加强教育和职业培训,培养具备现代技能的高素质劳动力。第三，高质量的生产资料对新质生产力的发展具有重要的作用，包括先进的生产设备、优质的原材料及高效的生产系统。高质量的生产资料能够有效提升产品质量，为新质生产力的持续发展提供有力支撑。

（三）新质生产力与传统生产力的对比

传统生产力依托成熟的技术手段，在推动科技革命和产业变革中发挥着重要作用。然而，这种生产方式往往伴随着高资源消耗、环境严重污染及不可持续的发展路径等问题。相比之下，新质生产力的核心特征表现为信息化、网络化、数字化、智能化、自动化、绿色化和高效化等多元特质。新质生产力注重提升产出的质量与效率，强调实现可持续发展，积极倡导创新，致力于高新技术的开发与应用并优化高新产业的布局。

新质生产力涵盖多个前沿领域，包括人工智能、高性能计算与算法、先进芯片制造、机器人技术、移动和量子通信技术等领域，同时也涵盖了现代航空航天、深海探索与资源开发、高端装备制造、可再生能源和清洁能源技术等产业领域，还涉及现代生物技术等前沿领域，为未来的经济增长和社会发展提供了强大动力。新质生产力的"新"与"质"两大特征使其与传统生产力形成了鲜明的对比。"新"体现在新质生产力所依赖的新兴技术、新型经济模式和新兴业态等方面。随着科技的飞速发展，人工智能、云计算、大数据等新技术广泛应用，催生了新型经济模式和新兴业态，如共享经济、在线教育、远程医疗等。"质"强调新质生产力以创新驱动为核心动力，追求技术上的根本性革新，不仅是对传统生产力的简单升级，更是一种颠覆性的创新；同时还强调以科技创新促进经济高效能、高效率、高质量增长，最终引领现代化经济向更高质量发展。

（四）新质生产力的时代价值

1. 新质生产力是促进产业转型升级的核心引擎

新质生产力作为当代科技与产业深度融合的产物，已逐渐成为促进产业转型升级的核心引擎。随着人工智能、大数据等新兴技术的发展，新质生产力正引领各行业从传统的资源密集型模式转变为更高效、智能、绿色的新模式。第一，新质生产力促进了产业结构的优化升级。传统产业为维持生产力水平会过度依赖大量的资源消耗，而新质生产力的兴起则可以通过技术手段大幅度提升生产效率，进而实现低消耗、高产出。例如，在制造业中，智能制造技术的应用使生产流程更加灵活、生产过程更加精准，这样不仅缩短了生产周期，还大大降低了资源浪费，最终实现了绿色生产的目标。第二，新质生产力促进了生产效率的显著提升。企业可以通过人工智能和大数据技术，对生产过程进行实时监控并持续优化生产过程，根据市场需求迅速调整产能和产品设计，从而在瞬息万变的市场环境中实现对市场需求的快速响应，有效减少了生产成本，提高了利润率。例如，在零售业中，大数据可以帮助企业分析消费者偏好，从而精确预测市场需求，优化产品供应链。这种基于数据驱动的决策方式使企业能够更好地适应市场变化并在激烈的竞争中脱颖而出，确保了企业的可持续发展。第三，新质生产力为技术创新提供了良好的生态环境，依托人工智能等技术可以显著提高企业的技术水平，促进产业的智能化转型与升级。例如，在医疗行业，通过人工智能，医生可以更快、更准确地诊断患者的病情，大大提升了医疗服务的效率和质量。此外，智能设备和自动化系统的普及也促使产业逐步实现无人化、智能化生产，大幅降低了对劳动力的依赖，提高了生产的灵活性。

2. 新质生产力是推动经济高质量发展的重要动能

全球化时代，各国间的市场竞争实际是人才与科技创新能力的竞争。在这一背景下，新质生产力强调以科技创新为核心驱动力，能够推动产业升级和经济结构的优化升级。

新质生产力的培育不仅涉及传统产业的改造提升，也包括对人工智能、云计算、智能制造等前沿技术的深度开发和应用。新质生产力倡导绿色发展理念，致力于节能减排和循环经济的实践，以确保经济增长的可持续性和生态环境的和谐共生。政府应提供有力的政策支持，增加对应的资金投入，引导科研成果的转化应用，创造有利于创新创业的良好环境。同时，教育和培训体系也应与时俱进，应不断培养出具备创新能力和适应新技术发展的人才。

3. 新质生产力可推动构建人类命运共同体

新质生产力可推动文化交融、加强经贸合作。新质生产力强调在生产环节实现资源的自由流动，以保障资源的高效利用；在分配领域注重公平、共享，推动发展成果惠及广泛人群；在消费层面满足人民日益多样化的需求，提升生活品质；在交换环节坚持等价、互利原则，构建公平合理的国际经济秩序。

全球经济格局中的产业链与供应链相互依存，国际分工日益精细，贸易与投资联系越来越紧密。新质生产力与可持续发展理念紧密相连，强调追求经济发展须注重节约资源、保护生态环境，有效应对全球性问题，如人口老龄化、能源资源短缺、环境气候挑战、粮食安全及贫困等。随着新质生产力的不断发展，国际经贸联系将更加紧密，全球人口流动将更加频繁，文化融合与认同将进一步加强，世界将成为一个紧密相连的地球村，达成开放、包容、和谐的全球社会形态。

三、辩证地认识新质生产力的内涵

对新质生产力这一概念，在研究过程中，应着重关注"新"与"质"的内在联系，剖析量变与质变之间的关系，强调结构的先进性及其蕴含的两个辩证统一关系，综合考量有助于全面而准确地把握新质生产力的本质特征，探索其发展规律。

（一）"新"与"质"的含义

生产力作为人类社会发展的核心驱动力，涵盖自然生产力和社会生产力。自然生产力指自然界中与人类生产活动相关的力量，以直接或间接的方式影响着人类的生产实践。社会生产力是指人类在生产过程中征服和改造自然界并获得适合自己需要的物质资料的能力。新质生产力作为社会生产力的新型发展形态，对其研究主要立足于社会生产力视角。社会生产力是推动社会进步最为积极且极具革命性的坚实力量。一般情况下，社会生产力水平被视为衡量社会整体发展水平的关键性指标。回顾人类社会的发展历程，从原始的简单社会形态逐步演进至现代的复杂社会，核心动力源于社会生产力的不断发展。在当前时代背景下，新质生产力已成为引领社会前进的关键动力，对推动社会全面进步具有不可替代的作用。

新质生产力的"新"表现在要素构成的独特性和革新性上。相较于传统生产力，新质生产力呈现出独特的要素配置模式，涵盖了具备尖端科技素养的现代劳动者、智能化的机械设备，以及数字空间、深海探索、空间探索等前沿劳动领域。第一，现代劳动者是推动生产力进步的核心力量，其技能与知识储备直接关系到生产力发展水平。在数字经济蓬勃发展的时代背景下，劳动者须具备更高层次的数字化素养和技能，满足不断革新的生产需求。当劳动者熟练掌握先进的科技知识、具备出色的创新能力和高度认知能力时，可有效操控高科技设备，创造更为丰富的社会财富。第二，新的劳动资料在形态上发生了深刻变革。随着社会经济从农业经济向工业经济再向数字经济的演进，劳动资料已发生根本性转变。当前，数字化、智能化的劳动工具（如人工智能、大数据、云计算等技术）的广泛应用重塑了生产方式和劳动组织形式，催生了一系列新兴行业和业态，通过优化资源配置、提升生产协同性，提高了社会生产力的质量。第三，科技进步促使劳动对象由传统的物质形态向数字化和非物质化方向演变。高性能材料、非传统能源等新型劳动对象的涌现，拓宽了生产领域的边界，提升了生产效率和质量，为新质生产力的形成奠定了坚实的物质基础，也为经济发展注入新动力。

新质生产力的显著特征具体表现为对创新技术的广泛应用、新兴产业的崛起、商业业态的革新及前沿领域的拓展等多个层面。生产力以领先科技（如人工智能、大数据分析、卫星通信、新材料开发、可再生能源、深海与空间探索等）为核心驱动力，代表传统科技创新的重大飞跃。颠覆性的技术成果不仅体现了技术层面的显著进步，也明确了新质生产力在技术发展中的地位。新质生产力所依托的新兴产业主要集中在信息和通信技术、绿色能源、航空航天、高端制造等关键领域，包含战略性新兴产业和未来产业，而且具备较高的技术含量和创新活力。在商业业态方面，新质生产力引入个性化、定制化和体验化的新型商业模式。例如，平台经济、共享经济、社交电商等新型业态的兴起是创新趋势的典型代表，新质生产力可精准满足消费者的个性化需求，有效提升企业市场竞争力。新质生产力还积极涉足新能源、新材料、生物技术等高新技术前沿领域的探索，以便促进经济的持续增长和社会进步，为人类的生存和发展开辟更为广阔的空间。

新质生产力的"质"主要体现在以下三个维度：第一，全新本质特性标志着生产力的跃升，实现高效、稳定生产；第二，高品质体现了企业注重细节和产品性能；第三，显著的质量优势使新质生产力在市场中脱颖而出，引领行业发展。

相较于传统生产力，新质生产力表现出了与其不同的鲜明本质特征。在经济增长的驱动力中，传统生产力的核心在于对劳动资料、劳动对象及劳动者资源的全面投入。在这种情形下，粗放、以水平扩张为主导的增长方式被普遍采用，初期阶段的确能够使经济增速，然而，随着资源与环境压力的不断加剧，其局限性逐渐暴露出来，难以实现可持续发展。相较之下，新质生产力则根植于基础科学研究的重大突破，实现对既有技术路径的根本性革新。伴随战略性新兴产业和未来产业的大规模兴起，新质生产力展现出强大的发展势头。借助深入的基础研究，新质生产力推动了原创技术的发展，如关键技术、前沿技术及颠覆性技术均取得重大突破。同时，新兴产业和未来产业的集群化发展扩大了新质生产力的集群效应，共同构成推动经济社会进步的强大引擎，标志着经济发展从旧有模式向更可持续、更高质量模式转变，为经济社会进步注入了新动力。

新质生产力对经济高质量发展的影响体现在以下两个方面。第一，新质生产力以高新科技为引擎，引领产业进行深刻变革，对生产方式和生活方式产生深远影响，促进构建具有国际竞争力的技术创新体系和产业集群。新质生产力的发展使未来产业与新兴产业紧密结合，逐渐走向产业集群化协同发展的新阶段，显著推动了经济结构的优化升级。第二，新质生产力的崛起改变了传统经济的增长模式，使经济增长不再过度依赖资本、劳动和土地等传统要素，使累加式增长转向依靠高质量要素投入和科技创新驱动的乘数式增长。新质生产力聚焦新技术、新产业、新业态和新领域，促使生产率高、附加值高的部门和产业发挥乘数效应，实现发展质量的稳步提升。

为推动经济体系朝着可持续的发展方向迈进，需采取全面措施，加快科技创新，增加研发投入，深化产学研合作，促进成果转化，如优化产业结构布局，调整产业结构，推动企业转型升级，培育新型产业，构建现代产业体系；同时，要深化体制机制改革，优化环境，完善法规，加强知识产权保护，为科技创新和产业升级提供坚实保障。

我国当前社会的主要矛盾是人民日益增长的美好生活需要和不平衡不充分的发展之间的矛盾。新质生产力凭借较高的生产效率，可降低环境污染，创造产品多样性的优势，以便满足人民群众高品质的生活需求。新兴的生产力形态依赖于先进技术和智能化设备的支撑，运用数字化、自动化等先进技术手段，可以提升生产效率，缩短产品生产周期，降低产品生产成本，使企业能够更迅速地适应市场需求变化，为消费者提供更多元化、更高品质的产品。而传统的生产方式已逐渐难以适应当前市场对个性化和多样化产品的需求。因此，新质生产力可推动企业由同质化、流水线式的生产模式逐步向柔性制造和定制生产模式转型。企业可利用新质生产力不断推出新产品，满足消费者个性化、多样化的产品期待。相较于传统生产方式，新质生产力注重绿色技术，可推动生产和生活方式向绿色化转变，有助于减少资源消耗，降低环境污染，实现环境保护的可持续发展目标，提升社会整体生活品质，为群众的良好生活奠定坚实基础，满足了人民群众对高品质生活追求的要求。

（二）量变与质变的辩证关系

量变即事物在数量上的变化，而质变是指事物从一种质态向另一种质态的转变。从唯物辩证法的角度看，量变与质变既各自独立，又相互依存、相互转化。在事物发展进程中，量变的不断积累最终触发质变的飞跃；同时，质变的发生对量变的规模和方向产生影响。数字技术、新能源、新材料等新兴技术及其相关产业的蓬勃发展，引领了新质生产力的方向，逐渐在整体技术体系和产业体系中占据核心地位，对社会生产力的迅猛发展起到推动作用。从另一个角度说，新质生产力的大规模发展催生了更多的新技术和新产业，改变了经济增长结构，促进了产业结构和经济结构的升级。因此，深入理解并准确把握新质生产力中量变与质变的辩证关系，对推动社会经济的持续健康发展具有重要的理论指导意义。

新质生产力的质变，根源在于内在结构性量变，体现在劳动者能力的提升等方面。在数字经济蓬勃发展的时代背景下，高素质劳动者的比例持续增长，而且越来越适应数字经济与智能经济的现实需求，为新经济与新行业的发展提供动力。随着科学技术的不断革新，人类利用与改造自然的能力不断提高，为新质生产力的形成注入了新动力。劳动生产力的发展不仅依赖于人的先天禀赋与后天技能的提升，更受自然条件与社会进步的综合影响。其中，土地的肥沃程度、矿产资源的丰富程度和生产规模的逐步扩大、资本的持续积累、劳动的精细分工与高效协作、机器的广泛深入应用、交通与运输工具的技术革新，共同构成了推动新质生产力产生、实现结构性变革的要素。因此，为实现新质生产力的质变，须在规模经济、资本积累、劳动分工与协作、交通与运输条件改善、科研创新等多个领域取得突破。当结构性量变积累到一定程度时，可触发质变，推动新质生产力向更高层次发展。需要注意的是，持续发生结构性量变，将继续催生新的质变，从而形成量变与质变的良性循环。在其相互作用下，新质生产力不断升级，同时推动经济增长和动能转换，促进经济高质量发展。

（三）体现先进性的两个方面：结构和内容

在结构层面，新质生产力整合生产要素，构建高效、灵活的生产体系；在内容层面，新质生产力运用新技术，促进经济模式与生产方式发生根本性变革，体现出其作为先进生产力的核心特质。

第一，新质生产力在多个维度彰显其结构方面的先进性，包括要素结构、技术结构、企业结构、产业结构、全球市场结构等方面。在要素结构层面，新质生产力深度结合高技能劳动力资源，广泛采用前沿技术，引入新型生产资料，如人工智能设备等。同时，新质生产力不断开拓新的劳动领域，凸显新质生产力的前瞻性。从技术结构角度来看，新质生产力融合高新技术与尖端科技，尤其是数字技术、人工智能等前沿科技在新质生产力发展过程中发挥了主导作用，促进了技术结构升级。新质生产力聚焦于战略性新兴产业和未来产业发展，不仅体现了产业结构高级化趋势，也可推动经济转型。通过推广高新技术，运用现代化的产品创新，使企业在国际市场中获得有利地位，促进全球供应链、产业链的优化升级。

第二，新质生产力在内容上的先进性体现在以下维度：认知能力、知识创新、科技革新、分工与协作关系等。综观历史，科技革命和产业变革的背后是人类对自然和社会的认知能力的提升。在思想变革的影响下，人们的认知视野得到极大拓展，这促进了自然科学和社会科学的变革，实现了生产力的大幅提高。当今时代，科学技术飞速发展，其进步使人类的认知边界不断拓展，涵盖微观基因、宏观宇宙空间和深邃海洋及地壳深处变化等。新质生产力发展的根本动力，源自知识创新能力的持续提升。如今社会已步入数字经济时代，网络技术与数字技术的广泛应用有效拓展了知识创新边界，多元化的知识传播渠道也推动了知识的广泛传播，促进经济效益的快速提升。当今，知识创新不再局限于科学家、工程师等专业群体，普通劳动者通过互联网和数字平台赋能，同样可参与知识创新，从而提升整个社会的知识创新能力，促进了社会生产力的快速提高。

四、与新质生产力更相适应的生产关系

推动新质生产力的发展，应健全与之更相适应的生产关系。

（一）构建数据要素所有权

在数字经济时代，数据要素是创造财富的核心生产资料，有必要提高对数据要素所有权问题的重视程度，对其进行深入研究和积极探讨，从而合理配置数据要素，实现对数据要素的高效利用，促进数字经济的健康发展。

数据要素的形态具有多样化特征，既包括直观的声音、图片、文字和

视频等表现形式，也包括融合智能机器的物理设备等。相较于土地、资本和劳动力等传统的生产要素，数据要素的形成过程相对复杂，主要表现在数据来源主体的多样性。当今，数据来源广泛且多样，涵盖个人、企业等实体，同时在生产、交易和消费过程中也会产生大量数据，如智能设备自动生成的各类数据。因为数据生成主体和生成过程的复杂性，所以在数据要素所有权界定方面存在较大争议。因此，在具体实践中容易出现数据权属及其分配规则不明确的问题，如不同主体、不同类型的数据的产权归属模糊，这些问题严重阻碍了数据要素的市场交易活动，也制约了数据要素市场的健康发展。为充分激发数据要素的价值，应进一步明确数据要素所有权的归属和分配规则，保障数据市场的公平、透明，从而为数字经济的持续、健康发展提供有力保障。

面对数据要素所有权界定的复杂性与权能内涵的多样性，我国已构建了明确的政策框架，引导数据要素的合理管理与高效利用。

在数据要素所有权运行机制层面，应采用以"三权分置"为核心的产权运行模式，使数据资源持有权、数据加工使用权、数据产品经营权相互独立、相互制衡。同时，进一步对数据要素的持有权、使用权、分配权、处置权和收益权展开深入研究，明确各权限的具体界定范围。为鼓励数据的市场化交易，促进数据要素的合理利用，应适当淡化数据所有权的概念，强调数据使用权，明确数据使用权范围，从而激发出数据要素的市场活力，推动数据资源的优化配置和高效利用。在数据要素市场体系的基础上合理制订数据要素报酬分配机制，保障数据价值的合理分配。此外，应健全数据安全和治理体系，借助加强数据安全管理、完善数据治理机制、强化数据监管等措施，使数据要素在合法、安全、可控的环境下得到充分利用，以保障数据市场的健康、有序发展。

（二）形成以科技创新为主的直接生产关系

从直接生产关系的核心视角来看，科技进步是推动新质生产力发展的基本力量。为有效培育并发展新质生产力，应坚定追求高水平科技创新并将其作为核心发展路径；同时，从微观层面完善科技创新的相关制度，全面激发科技创新的内在动力,释放科技创新潜在的巨大能量。

我国的科技实力已经居于世界前列,但仍存在诸如资源、资金、人才供给不足等问题,因此需要不断完善科技体系。为推动新质生产力的高质量发展,可构建由政府、企业、个人等多元主体共同参与的创新制度体系,构建大规模且高效的政府主导型科研模式,发挥现代科技发展的强大助推作用。

在科技研发、应用及市场化的时代背景下,企业扮演着现代科技创新的核心角色。为推进以科技创新为主的时代发展进程,需要积极实施技术创新战略。第一,建立健全企业科技创新制度体系,支持企业投身科技创新事业。在研发投入、产品创新、技术迭代、设备升级及市场拓展等关键环节,加大政策扶持力度,激发企业的创新活力,鼓励企业不断探索高新技术,使企业深刻认识到创新不仅是企业生存发展的基石,也是国家科技实力提升的重要引擎。第二,加大执行力度,完善知识产权保护制度。针对知识产权领域的侵权行为,坚决采取有力措施,运用立法与执法的双重保障为企业的创新成果筑牢法律屏障,有效激发企业科技创新的内在动力,营造一个公平、公正、有序的市场竞争环境。第三,打造新型数字技术产业,结合战略性新兴产业和未来产业,搭建科技创新园区并将园区作为新质生产力发展的基础平台,集聚新技术、新产业、新业态,形成强大的产业集群效应,引领科技产业的变革潮流。

高素质人才的深度参与同样是推进科技创新的要素之一。其一,加强高等教育与人才培养工作,以提高劳动力整体素质为核心任务。在扩大高等教育规模的同时注重提升教育质量,为未来的创新创业提供源源不断的人才储备。其二,构建充满活力的科技消费市场。科技创新的可持续性需要市场提供强大的支撑,因此应积极培育科技消费市场,激发市场需求,促进科技产品和服务供给创新,从而在市场中形成规模庞大的科技产品消费群体,为科技创新提供持续不断的动力源泉。

此外,科技生产力的创新还需要构建协同创新制度,依托政府、企业、个人的三方合力,共同构建以科技创新为核心的创新体制。首先,由政府扮演主导角色,尤其是在重大和基础性科技领域,应实施科技发展战略和产业发展战略，引领科技创新的产业变革方向，为整个创新体系提供坚实的支撑。其次，在科技的原始创新和应用创新方面，则应发挥市场机制作用，优化资源配置，使资源流向创新效率高的企业，激发这些企业的市场活力，推动科技创新的持续发展。最后，高素质的科技劳动者和高质量的科技产品是科技创新的重要支撑，个人需要积极参与供给和消费两端，贡献出自身的创新力量，最大化释放人才资源的价值，为科技创新提供源源不断的动力。

（三）形成突出数据要素和科技要素贡献的分配关系

在数字经济时代，数据要素是推动社会创新的核心生产资料。数据要素具有独特的渗透性，可以使其与其他生产要素进行深度融合，共同提高生产效率和生产力。同时，数据要素与其他元素的结合也能衍生出丰富的数字财富，包括视频、音频、文案和图片等多种形式。鉴于数据要素在财富创造中的关键作用，数据的所有者和相关权利主体必然会从中获得相应的经济回报。但是，数据要素又具有一定的分散性和易复制性，为数据的产权确认带来诸如权利主体界定、权能分配及收益分配等挑战。因此，如前所述，为解决上述问题，应基于所有权和使用权分离的"三权分置"产权框架，为数据收益提供合理分配的保障。此外，数据要素具有生产要素属性，具备商品特性，还需要充分尊重数据要素所有权，合理界定新生成数据商品的所有权，明确具体的权限范围。需要注意的是，在网络空间等新型劳动场景中，消费者角色已发生改变，消费者不再是单一的购买者，还是数据要素或数据商品的创造者。为此，需要探索并建立新的分配机制，确保普通劳动者也可以参与数据要素的价值创造并从中获取合理的经济收益。这不仅有利于促进数字经济的健康发展，也有助于实现社会财富的公平分配。

科技劳动者在科技进步中发挥着至关重要的作用。当前市场竞争日益激烈，为有效激励高素质科技劳动者投身于创新活动、产出卓越的科技成果，需要构建科学、合理的收入分配机制，充分激发出科技劳动者的创新精神，调动其创新活力。但是，当前科技劳动者在收入分配方面面临着较多的挑战，包括以下几点：第一，除少数顶尖研发企业外，大部分科技企业中科技劳动者的收入尚未能充分反映实际的劳动价值；第二，科研院所等机构中的科技劳动者收入受行政因素的影响较大，市场化的收入分配机制尚需进一步完善；第三，专利转让过程中的收入分配问题尚待完善。因此，有必要施行合理的收入分配制度，完善现有分配机制，合理调整单位和个人的收入分配比例，保障科技劳动者能够获得更加公平的收入，从而激发科技劳动者的创新活力，以科技创新推动新质生产力的发展。

立足数字化发展，为有效贯彻我国的基本收入分配制度，应坚持以"按劳分配为主体，多种分配方式并存"的原则，保障收入分配制度的科学性，增强群众收入的获得感。在新质生产力高速发展的时代背景下，对"按劳分配"中的劳动者与劳动的定义及其范畴应进行更为精确的界定。"按劳分配"中的"劳"应被视为更高层次的"劳动"，即复杂劳动范畴。随着新科技革命与新产业变革的持续推进，劳动的内涵不断得到丰富与拓展，劳动的范畴涵盖知识劳动、管理劳动、科技劳动及数据劳动等。收入分配制度的制订应遵循市场经济的激励原则，尤其是关注那些投身于复杂劳动的劳动者群体，如知识劳动者、管理劳动者、科技劳动者及数据劳动者等，这不仅是对劳动价值的肯定，也是对新质生产力发展的有力支持，有助于在全社会范围内营造出崇尚劳动、尊重人才、鼓励创新的良好风尚。

（四）融合三个方面的消费关系

消费关系作为生产关系中的重要组成部分，涵盖了自然、社会等多个层面，而且各个层面之间存在复杂的关联。第一，从自然消费关系来看，应践行创新发展理念，在追求经济发展的同时重视绿色发展，高度重视人与自然的和谐共生，保障自然资源和生态资源的可持续发展。同时，新能源、新材料等作为环保共生理念下的创新成果，也推动了新质生产力的跨越式发展，实现了在资源约束条件下对自然消费关系的调整，为绿色可持续发展提供新的路径。此外，还需要重塑人与自然的关系，从单纯的资源利用转向保护、开发与替代并重的模式。第二，社会消费关系涉及消费过程中的各种不确定因素，相互之间的关系较为复杂。例如，个人消费与集体消费平衡、消费者与消费对象之间的和谐关系、当前消费与未来消费的需求协调、不同职业和收入群体之间的消费差异等。在大力发展数字生产力的背景下，应妥善处理生产与消费之间的关系，借助供给侧结构性改革，提升生产效率和质量，满足消费者对高品质产品和服务日益增长的需求；而对于需求侧的改革，则需要激发消费潜力，推动消费力的持续提升。

制度创新可提升消费能力、扩大消费规模、化解消费关系范畴内存在的矛盾，具体而言，可以从以下几个方面实施制度创新策略，从而优化消费环境，满足消费者日益多元化、个性化和绿色化的消费需求。第一，政府应发挥主导作用，结合市场资源配置效能，加大对公共服务的供给力度，提高服务质量，尤其是在住房、交通、医疗、教育和养老等关键领域，尽可能减轻居民在公共服务方面承受的负担，从而释放出更多的个人消费潜力，在提高居民生活品质的同时促进社会的和谐稳定。第二，应紧跟数字经济发展趋势，推动新能源、科技医疗、高质量教育、高品质休闲旅游和高保障养老服务等产业的发展。这些产业应结合未来消费趋势，大力培育数字消费能力，挖掘绿色消费潜能。可以加大对新兴产业的扶持力度，推动新兴产业创新发展，以便满足消费者日益增长的多元化、个性化和绿色化消费需求。第三，应积极夯实消费扩张的购买力基础，实施收入倍增计划，提升居民的消费能力，利用现代数字技术和金融创新手段，鼓励跨期消费，培养青年人和老年人等新的消费群体，进一步释放现代化的消费潜力。第四，提高对收入分配制度改革的重视，持续完善收入分配制度，逐步扩大中等收入群体规模，提高低收入群体收入水平，对于基础性收入建立健全初次分配、再分配和三次分配的协调分配制度，缩小不同行业、不同群体之间的收入差距，以促进经济的健康稳定发展。

为进一步推动新质生产力的发展，应采取自然和社会消费双轨并行的战略。一方面，依托科技创新的力量，积极开发新能源、新材料和新产品，减轻对自然资源的过度依赖和破坏，有效缓解对自然资源过度索取的情况；另一方面，坚持先进的发展理念，重新审视并调整人与自然、生态、技术和消费之间的关系，更好地促进人类经济社会的可持续发展。基于此，应合理追求经济增长和技术进步，注重环境保护、生态平衡和社会公正，努力构建人与自然和谐共生的新型关系。科学提倡绿色消费，坚持可持续消费理念，推动形成人与自然和谐共生的新消费格局。此外，还需要加强社会教育和宣传工作，提高公众对环境保护和可持续发展的认识水平，形成全社会共同参与、共同推动的良好消费氛围，为实现可持续发展奠定坚实基础。

五、人工智能对新质生产力的影响

与传统生产力不同，新质生产力与现代技术之间的联系更加紧密，新质生产力对于劳动者、劳动资料等主体提出更高要求，如劳动者需要具备较高的素质、劳动资料需要具备一定的技术含量、劳动对象的范围更加广泛等。人工智能作为现代技术中的代表，其对新质生产力的影响体现在多个方面。

（一）智能生产力：人工智能催生的新型生产力

人工智能作为一门新兴学科，是一种通过研究模拟和扩展人类智能的技术，涵盖一系列研究理论、方法及技术体系。人工智能的核心技术是机器学习，包括多种复杂的算法。根据应用方向，人工智能可以划分为两类，一是针对特定任务的弱人工智能，二是具有广泛认知能力的强人工智能。弱人工智能的指向性更强，目标明确，而强人工智能的覆盖范围更广。人工智能的应用有效推动了生产进步，通过技术创新替代产品创新，实现了生产自动化和结构优化。同时，人工智能也为减轻劳动强度、提高劳动效率提供了有效途径，能够更好地满足生产需求，促进劳动力的解放。在智能化时代，劳动力的重点从体力劳动逐渐转变为脑力劳动，人工智能的广泛应用促进了劳动力的知识更新，催生了新型生产力，为经济社会发展带来革命性的变化。

随着人工智能的广泛应用，市场对于拥有高知识水平和高技能的脑力劳动者的需求也逐渐增长，要求劳动者具有那些难以被机器取代的素质。人工智能的快速发展也使劳动技能变得多样化，劳动者不仅需要掌握广泛的技术技能，还必须具备技术创造、应用和管理的能力，要求劳动者全面提升自身的综合素质，包括思维能力、知识水平、技术技能等。由此可见，人工智能重塑了劳动力结构并催生出一种新型的生产力——智能生产力。智能生产力凭借自身的高度智能化和不可替代性，成为推动社会经济高质量发展的新动力，不仅能够提高生产效率，还能够通过高技能人才和智能化技术的发挥为经济发展注入新的活力。

人工智能能够凭借其智能认知能力，有效地满足社会发展中不断增长的新知识要求和新技术需求。人工智能依托其自身智能分析模型，通过模仿人类的思维过程，对数据进行处理并转化为信息知识，将其用于提高生产力，进一步增强产业链的竞争力。例如，在 AIGC 中，深度学习神经网络凭借相关算法能够实现基于数据的直接学习，其在人工智能中的应用是技术发展与变革的重中之重，可以使技术水平得到大幅度提升，保障了智能技术发展的持续性。从劳动者角度来看，在智能生产力的背景下，劳动者不仅需要具备与人工智能协同工作的能力，还需要对人工智能提供的工具和平台进行创新和创造。由此可见，人工智能的发展巩固了现有的智能生产力，在各个领域中表现出巨大的应用潜力，有利于促进新质生产力的形成，为社会经济的发展提供强劲动力。

人工智能使数据变成生产活动中不可或缺的要素，其催生出的智能生产力在处理信息、生成内容和数据管理方面展现出强大的能力，在新质生产力的形成中发挥着重要作用。人工智能通过机器学习和预测能力等提升了生产过程中信息的流通效率，有利于资源的优化配置，不仅减少了由于信息不对称造成的资源错配，提高了资源的有效利用，还能够对生产要素结构进行动态、精确地调整。从本质上看，智能生产力就是人工智能与社会科学生产深度结合的产物，特别是在深度学习神经网络的支持下，智能生产力得到了持续提升。因此，基于人工智能的深度学习神经网络技术的发展，不仅对现有的智能生产力有所巩固，还提升了其在各个领域的应用潜力，为社会经济的持续发展注入了新的活力，如图 1-1 所示。

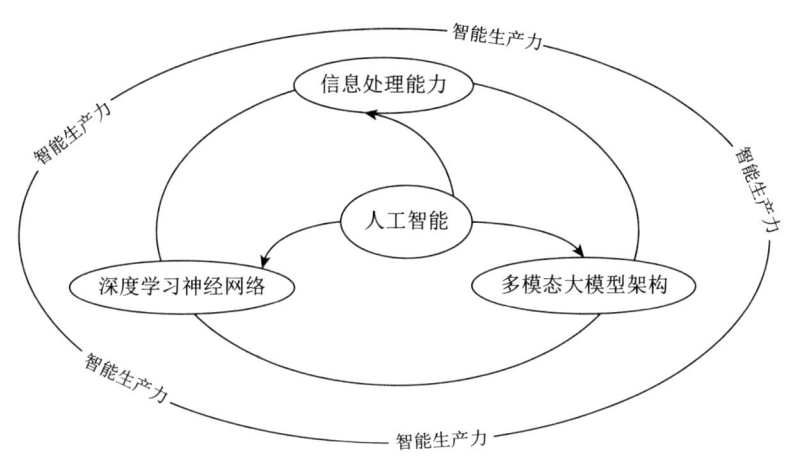

图 1-1 人工智能催生智能生产力

（二）高效数字化：人工智能提供的新型劳动工具

随着人工智能的快速发展，劳动工具相继发生转变，也使劳动资料走向智能化。人工智能作为一种尖端科技产物，在生产力体系中扮演了重要角色。例如，以数字化技术为主要表现形式的人工智能工具和设备凭借其高技术和智能化特点，具有自我学习的能力，通过不断学习和优化，进一步巩固了智能生产力的基础，使人工智能在一定程度上具有人脑的功能，能够更有效地提升生产效率。人工智能的发展为社会生产力的提升开辟了新的途径，促进了智能生产力的形成和发展。

第一，人工智能可以通过技术要素对劳动资源进行整合优化。科技创新是新质生产力在劳动资料方面的主要表现，而数字技术和信息技术的应用则构成了新质劳动资料的基础。技术要素整合作为形成新质生产力的重要一环，涵盖了从无形的文化、艺术、哲学思想到有形的工具、材料、设备、知识、技能等多样化要素。技术要素正是通过劳动资料这一形式与生产力紧密连接在一起，不仅为物质财富的创造提供了动力，还进一步改变了传统的生产方式，对社会关系和社会经济结构的转变产生深远影响。人工智能作为技术要素的重要组成内容之一，是技术整合和生产力整合的体现，属于技术进步的一个阶段，能够持续激发技术革新。人工智能通过整合各类技术要素提高了生产过程中的信息处理能力、决策制定效率和资源优化配置的能力，促进了社会生产力的增长，以及智能生产力的形成和发展。在数字化经济时代，人工智能通过提高数字化能力促进了生产资料质量的提升。人工智能作为数字技术的典型应用，凭借其深入渗透、广泛扩展和高效协同的特性，极大地推动了数字技术与传统行业的深度结合，不仅有助于消除产业间的界限、丰富产业的内涵、扩大产业的范围，还能够促进传统行业的数字化、智能化转型。同时，传统行业通过人工智能的帮助，能够实现生产资料的智能化升级，提高生产效率，推动社会生产力的快速增长。人工智能已经让生产资料实现了全面共享，特别是以ChatGPT为代表的新智能形态，其具有开放性、便捷性、智能性的特征，已经广泛应用于企业发展、城市建设、社会生活等多个领域。人工智能作为通用技术的新范式，突破了传统产业的边界限制，实现了技术的低成本普及，极大地加快了科技创新的速度并使传统的生活方式发生改变。此外，生成式人工智能允许机器算法独立于人类进行研究，通过有效地重新组合知识元素，极大地加快了科技创新的速度并改变了传统科技创新的模式，从而使生产资料能够得到持续的优化与发展。这一进程不仅加快了人工智能的发展速度，也促使科技创新领域中的场景和范式发生了转变，进一步提高了科技创新的可能性。

第二，人工智能凭借其强大的信息处理能力可以有效提高智能效率。数据作为新型生产要素之一，对数据的有效应用是提高生产力的关键环节。人工智能可以消除信息隔离，通过加快数据的集聚、处理和应用，以及推进数据资源的共享，使数据的价值最大化，有效促进了产业链的拓展和产业间的整合，并且还促使企业之间的合作更加紧密。同时，人工智能利用数据的紧密关联性，可实现对数据生产要素的创新，提高劳动资料的品质。人工智能还能减少信息之间的不对等性，实现对生产要素误配的纠正，降低决策成本。人工智能通过智能化平台收集大量数据，对分散的信息进行汇总、分析和处理，这种数据处理方式超越了空间的限制，可以实现精确的匹配与预测，能够帮助企业准确获取决策所需的信息，提高信息传递和决策的效率，进而减少由信息不对称导致的资源消耗。更重要的是，数据在生产要素上发挥的作用是无限的，蕴含多种可能，通过对数据的有效应用推动产业的转型升级，还催生出了一系列全新的产业和商业模式，有利于新能源、新材料、新技术等新兴产业的迅速发展。

第三，人工智能的大模型架构能够有效维护系统的稳定性。新质生产力是一个庞大而复杂的系统，是由劳动力、科技创新、数字化工具、新型产业及生态环境友好资源等要素共同构成的一个动态、协同发展的经济社会生态系统。人工智能为多模态大模型的架构提供了技术支持，能够确保生产力的持续发展，从而保持其活力。人工智能作为新质生产力系统中的关键驱动力量，其借助人类反馈的信息进行强化学习，从而在持续互动中不断地学习和改进，能够更有效地处理不同类型的数据。由人工智能构建的多模态大模型架构为产业融合的精确执行提供了技术支持，不仅促进了企业之间的协同合作，帮助整合产业链的不同环节，还整合了产业链中的多个企业，形成更有竞争力的现代企业群体，促进了产业融合。可见，基于人工智能的应用，实现了战略性新兴产业与传统产业、未来产业的深度融合，构建和发展了现代化的产业体系，为现代经济社会的可持续发展提供了坚实的基础。

（三）产业生态化：人工智能促发的新型生产体系

在智能时代背景下，人工智能的高速发展促进了生产体系的生态化转型与发展，主要表现在以下几个方面。

第一，人工智能通过产业技术突破建立协同互嵌的产业生态。人工智能作为前沿科技的代表，有利于优化资源配置、促进技术创新。人工智能技术的产业化，不仅可以加强关键核心技术的整合与协同，扩大技术的推广应用，并以高效和低成本的方式将技术应用于各个行业领域，还能够促进产业之间的互嵌，形成完善的产业生态，从而促进全域经济的整体发展，为经济的转型升级提供强有力的支撑。同时，人工智能已经成为推动传统产业转型升级的重要力量。人工智能具有强大的渗透性和协同性，如ChatGPT、Sora等新一代的人工智能集智能化和信息化于一体，能够通过与大数据、物联网等技术的紧密结合，广泛连接各类设备和平台，从而促进数字技术在传统产业中的应用。此外,人工智能还能加快战略性新兴产业的发展。战略性新兴产业代表着科技革命和产业变革的最新方向,人工智能通过与这些产业深度融合,高效整合了产业链上下游,利用海量数据积累改变了产业原本的组织模式,实现了资源跨行业、跨地区的流动与配置,降低了运营成本。可见,人工智能的应用已经成为数字化时代下战略性新兴产业的重要特征。

第二,人工智能与实体经济的深度融合促进了产业的优化升级。人工智能在推动传统产业转型和新兴产业发展方面发挥着关键作用。人工智能通过与农业、制造业、服务业等产业的深度结合,正逐步催生出"产业+人工智能"的技术产业一体化模式。该模式通过促进资源的高效共享,有助于实现绿色发展的战略目标,也进一步加强了人工智能与实体经济的深度融合,持续推动第一、第二、第三产业的优化升级,为经济的持续健康发展提供强有力的支撑。在农业方面,基于智慧农业的引领,人工智能涵盖了从土壤监测到作物收获等全方面的内容。例如,通过利用物联网技术和智能设备能够实施智能化灌溉、施肥和喷药等农作活动,使农业生产更为高效,提高了资源的利用效率。又如,人工智能具备的强大数据处理能力也促进了农业的精细化发展。人工智能能够帮助农业减少或规避生产销售中的不确定性因素,提高对天气和病虫害的预测能力,不仅能够提高农业生产效率和产品质量,还能够为农业的可持续发展提供更多的可能性。从制造业的角度来看,应用人工智能有利于制造业的服务化转型与整体结构的优化。制造业服务化转型就是制造业企业通过提供增值服务获取新的竞争优势、提高服务质量。制造业通过对人工智能的应用能够促进科技创新资源的整合,提高科技成果的应用效率,促进制造业的结构调整,从而构建出完整的产业链条,促进制造业的发展。利用人工智能能够有效促进企业间的数据交流和系统互联,开发定制化服务,增加制造业产品的附加值,从而引领制造业走向更加智能化、高效化和服务化的发展道路。此外,人工智能的不断进步还促进了服务业的结构升级。人工智能催生出平台经济、共享经济等多种新兴经济模式,加快了生产服务业的专业化发展进程。生活服务业也在人工智能的助力下,实现了服务品质的提升,如智慧医疗和数字旅游等服务形式及品质已经发生了明显的变化。

第三，人工智能还是推动经济社会向绿色低碳发展方向转型的重要力量。在人类社会工业体系创新的过程中，资源配置方式和使用效率都发生了较大变化，而生产方式和经济组织也需要做出相应的变革，这必然会催生出新产业、新业态，使经济增长方式从传统的资源消耗型向低消耗、高效能的新型模式转变。新质生产力强调在低投入、低消耗、低污染的条件下实现高附加价值、高经济效率、高社会效益。人工智能凭借自身具有的自然语言处理能力和数据捕捉、监测、应用能力，通过数据感知实现对资源的快速动态优化配置，进一步提高价值创造效率、降低消耗、提升效率。以劳动资料为例，通过对人工智能元素的整合，能够开发出更多的新质工具，这不仅能颠覆性地进行科技创新，还能提高数字技术的应用水平。可见，人工智能已经成为推动社会进步和经济发展的重要驱动力，引领生产方式和经济结构的优化升级。人工智能与新质生产力的协同互嵌关系如图1-2所示。

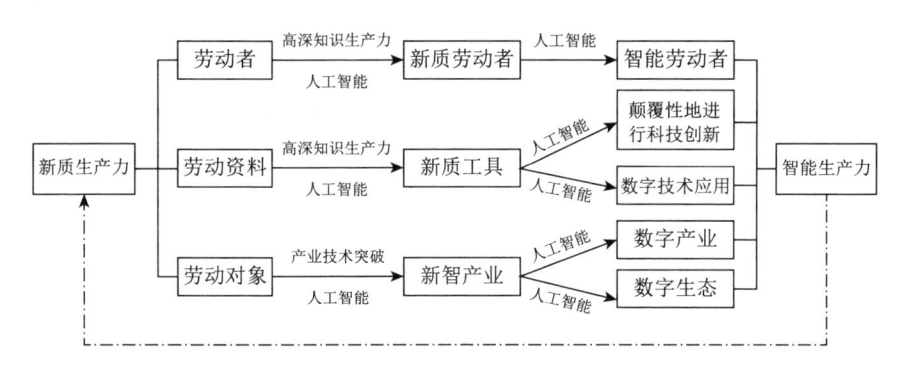

图1-2 人工智能与新质生产力的协同互嵌关系

六、人工智能赋能新质生产力的理论逻辑

（一）人工智能在宏观层面通过数据要素推动新质生产力的发展

1.人工智能的发展改变了传统的生产函数

人工智能作为先进技术的代表之一，改变了传统的生产函数。资本、

劳动力和技术的增长一直是推动经济增长的核心力量。然而，人工智能的崛起使这些传统生产要素与数据要素结合在一起，产生了新的生产力。其中，数据生产要素作为一种非竞争性、可共享的资源，依托人工智能的辅助，其价值随着使用频率的增加而提升。在生产实践中，数据整合不仅能使生产函数变得更为动态化，而且还能赋予生产新的价值。人工智能通过分析大量数据，能够优化生产流程、减少浪费、预测市场需求，从而显著提高生产效率。在当下的数字经济体系中，数据的边际成本几乎为零，但其边际效益十分高，这导致生产规模扩大时的产出增加比例更大。这种生产规模报酬递增的现象进一步加强了人工智能对经济增长模式的影响。此外，人工智能带来的这种转变对经济政策制定、企业战略调整及劳动力市场都有深远的影响：经济政策需要考虑如何有效监管和利用数据这一新型生产要素；企业需要根据这种转变调整发展战略，以适应数据驱动下的生产和创新需求；劳动力市场则需要通过培训创新和技能升级，帮助劳动者适应新的生产方式。由此可见，人工智能的发展将促进社会经济进入一个以数据和智能为核心的新时代。

2. 人工智能作为催化剂推动技术创新

人工智能作为科技创新的催化剂，正在以前所未有的速度推动着技术的革新、促进生产力的跃升。科技创新是推动新质生产力发展的要素之一，人工智能则凭借自身独特的技术优势加快了新质生产力发展的进程。人工智能具有的强大算法和数据处理能力，使数据使用者能够更加高效地从数据中获得目标内容，用作自身决策的依据。在科技快速发展的大背景下，信息技术领域中的技术更新速度越来越快，新技术的应用周期也将随之缩短。人工智能在科技创新中的应用提高了研发效率，缩短了从概念形成到产品上市的时间。同时，在人工智能的催化下，技术的淘汰速度也有所提升，企业应用人工智能能够更快地适应新技术，帮助企业保持自身的技术领先地位，确保企业在关键技术的创新上始终保持优势。由此可见，人工智能作为科技创新的催化剂，一旦取得了突破性进展，势必会全面推动新技术的发展，引发生产力的结构性革命。

3. 人工智能提升劳动力素质，促进新质生产力的发展

在新质生产力的发展过程中，人工智能的应用则能在提升人力资本素质的基础上促进新质生产力的发展。在人力需求减少、技能需求增加的背景下，提高人力资本质量尤为重要。社会倾向于拥有技术专长、创新思维和学习能力的高素质人力资本，为了满足这一需求，需要从整体层面考虑人力资本的质量问题，制订出灵活且具有前瞻性的教育和培训体系，通过终身学习和职业培训等途径提高人力资本的质量。如前所述，人工智能也对劳动力市场造成了影响，导致劳动力市场面临着重要调整。人工智能的发展与应用不仅增加了劳动力市场对高技能工作岗位的需求，也在很大程度上减少了对简单、重复性、低技能工作的依赖。随着人工智能的进步，"机器学习工程师""数据科学家"等新兴职业不断涌现，需要新的技能组合与职业匹配，包括编程、数据科学和人工智能系统管理等。人工智能不仅改变了劳动力市场的结构，还对大众创新能力的提高起到促进作用。人工智能为大众提供了新的工具和手段，为大众的学习发展提供了新工具与新机会，在人工智能的驱动下，大众的创新能力也随之提高。人工智能还能够提供具有个性化的学习体验和职业发展路径，人工智能提供的持续评估和反馈功能能够帮助学习者识别并克服学习的难点以适应工作环境的变化。

总之，人工智能作为一种先进技术，在提高劳动力素质和促进新质生产力的发展方面发挥着关键作用，其通过教育、培训体系的改革，以及富有个性化的学习路径，为社会提供了适应经济和科技发展的有效解决方案，进一步推动了新质生产力的形成和发展。

（二）人工智能在中观层面通过产业发展推动新质生产力的发展
1. 人工智能赋能新制造行业的发展

结合当前国际经济发展形势及我国的经济发展结构变化趋势能够发现，目前新制造行业的发展已经远远超过了传统的生产领域，涵盖新能源、新材料、新医药、新制造装备等多个前沿领域。这些领域的综合发展不仅推动了制造业的全面革新，也为社会经济的转型升级提供了强大的动

力，而人工智能在新制造业中发挥着关键作用，是行业技术发展改革的核心技术支持。人工智能为新制造行业提供了基于数据的智能决策支持，以及自动化和智能化的生产流程，并且配合智能物联网技术的应用，促进了各项技术与服务的持续创新和个性化发展。人工智能通过大数据分析和机器学习算法，能够帮助企业实施智能决策，从而科学优化生产计划，有效提升各项服务及产品的开发、生产效率和质量。同时，人工智能在推动生产自动化与智能化控制方面也发挥了重要作用。人工智能通过机器视觉和机器人技术促进了生产过程的自动化发展，提高了生产的效率与精度；还凭借自适应控制和优化算法使生产过程更加智能化，提高了生产线的灵活性和适应性。此外，人工智能与物联网技术的融合进一步推动了智能制造的升级，实现了多种设备之间的互联互通、实时生产监测和远程控制，而且能做到智能化的生产调度与优化。人工智能还能通过大数据分析，帮助企业深入理解市场的需求和消费者的偏好，根据实际需求创新产品设计，凭借个性化的设计手段提高产品质量和市场竞争力。此外，我国在人工智能领域的不断进步带动了新制造行业的发展，使我国新制造业在全球制造业中具有突出的竞争优势，尤其是在新能源、新材料、新制造装备等关键领域中已经取得了显著的成就。这些成就不仅展示了我国在新制造领域的实力，也为全球新制造行业的发展提供了新的思路和方向。

2. 人工智能赋能新服务行业的发展

数字化已成为当今服务业发展的必然趋势。具体而言，服务数字化包括各项服务业务的数字化转型，以及各项服务相关技术的数字化升级。科技创新作为服务数字化发展中的关键，推动着生物技术、新能源、环境技术和人工智能等领域服务行业的成长与发展，促进了数字经济与实体经济的紧密结合。

在数字经济发展的背景下，作为面向大众的基础服务，社区服务、基础医疗、普惠共享服务等在保障社会公平和提升人民生活水平中发挥着重要作用。人工智能在惠普服务中的应用也为其发展提供了重要保障，不仅能够提升惠普服务的效率和品质，还能够进一步推出具有个性化的普惠共享服务，为惠普事业的发展提供决策支持，从而推动服务创新和产业整合。当前，人工智能的进步也加快了服务业的创新速度，特别是在金融、养老等服务业中，人工智能的应用不仅提高了服务的质量，也为社会大众创造了更多的就业机会。

3. 人工智能赋能新业态的发展

随着科技和经济的不断进步，涌现出诸多新业态，创新成为经济变化中的一种常态；同时，产业的持续升级和商业模式的创新也将促进社会经济形势发生不断的变革。这些新兴业态不仅融合了传统行业与先进技术的精髓，而且还孕育出了全新的行业领域，其中共享经济和平台经济的发展就是代表性产物，体现出人工智能赋能新业态的发展成果。在共享经济中，大众较为了解的模式即共享单车和民宿共享，其改变了传统所有权和使用权分离的形式，使资源得到更高效的利用。而平台经济则是通过互联网技术连接供需双方并创造出全新的交易和使用场景，如电商平台、社交网络和聚合服务等。在共享经济与平台经济的新业态中，人工智能是新业态稳定发展的保障，并持续促进新业态下服务形式的不断创新。

新业态不仅满足了消费者的多样化需求，而且对经济结构的优化和升级起到了推动作用。新业态通过引入创新技术和商业模型全面激发了市场的活力，在促进大众就业的同时也推动了相关产业的转型发展。人工智能作为产业变革的核心力量，通过创新商业模式、优化资源配置等推动了新业态的成长。电子商务作为新业态发展的典型代表之一，人工智能对其的赋能效果十分明显，同时人工智能的个性化推荐系统在电子商务平台中的应用也极大地提高了用户体验，使其服务更加精准和贴心。人工智能在医疗健康领域的应用更为广泛，如其与互联网的结合催生出远程医疗和智能健康监测等服务，使医疗资源得到了更广泛的覆盖和利用。

在传统行业中，人工智能也表现出显著的改善效果，不仅提高了传统服务的效率，还使传统服务行业变得更加智能化和个性化。例如，在金融领域中应用人工智能能够提供智能化投资咨询服务，帮助客户做出更明智的决策。人工智能在企业创新中发挥的作用也是不可忽视的。应用人工智能有效降低了创业的门槛，使小微企业和创新型公司也能开发出更具竞争力的产品和服务。企业通过人工智能对用户行为进行分析，能够使企业为用户提供定制化的服务方案，有效提升了用户体验，促进了企业的发展。总体而言，人工智能作为推动新业态发展的关键因素，正在不断塑造着未来的商业世界，为经济增长和社会进步注入新的动力。

七、人工智能赋能新质生产力的发展路径

（一）形成"政产学研"一体化的人工智能人才生态

劳动者是影响科技发展的要素之一，劳动者的创新能力不仅有利于促进科技的发展与进步，还会对产业发展造成影响，劳动者的素质越高，产业发展的速度就越快。人工智能赋能下的新质生产力发展需要新的人才生态作为支持，而"政产学研"一体化的人工智能人才生态则是新质生产力发展的关键保障。

第一，构建人才新生态，进一步提高整体教育水平。为了适应智能化时代发展的特点及其对劳动者的需求，应提升整体教育水平，对传统教育方式进行改革，构建以数据为基础，融合技术与教育的开放性、无边界教育新环境。当前，智能劳动者在新质生产力体系中已经展现出强烈的学习意愿、现代化特征及多样化需求。因此，需要对现有教育模式进行全面的调整，确保能够满足新时代的学习和发展需求。同时，还应建立并完善学习与技能培训体系，确保该体系能够满足人工智能人才培养和产业发展的需求，将教育目标从传统的人才培养转变为建立一个全面且连贯的人工智能人才培养体系，从而推动教育生态的持续发展，促进科技与产业的进步。

第二，构建人工智能领域的人才梯队。结合人工智能领域的发展现状可以发现，人工智能领域对于专业性人才的需求持续增长，尤其是具备大数据分析、高级机器学习等方面专长的人才，适应新产业形态的劳动者已经成为现代经济社会发展不可或缺的力量。因此，在建立人工智能人才新生态的过程中必须重视培养具有全面技能的人才，用于完善劳动力的整体素质结构。只有形成以人工智能领域为重点的人才梯队，才能有效促进经

济社会的持续发展和科技进步。

第三，构建智能化的人才共享平台。为了实现对人才资源的高效利用，构建智能化的人才共享平台至关重要。人工智能的快速传播、深入渗透和广泛应用等特性使其具有共享属性，因此，通过平台化的方式可以使人才资源充分发挥作用，促进人才资源的流动。推动人力资源在地区间的均衡分配和有序流动也是迫切需要解决的问题。提高企业的生产环境和区域的商业环境对于吸引和留住人才具有根本性的影响，只有完善的人才激励体系才能有效激发出劳动力市场活力，从而实现供需平衡。

（二）建立协同开放的人工智能科技创新生态

科技创新作为新质生产力的核心，其发展主要依赖于创新资源配置和布局的优化，只有进一步改进和完善智能科技创新体系，才能成功构建出人工智能科技创新的新生态。

第一，为了夯实发展的根基，应将科技创新置于优先位置，坚持以科技为导向发展新生态。科研创新能力的提升可以借助人工智能等先进技术来实现，并加强对基础技术、非对称技术和前沿技术等关键技术的重视，确保在这些技术领域能够取得突破性进展。同时，应以科技创新企业为中心，构建一个协同创新平台，将产业链、供应链、服务链和创新链全面整合，促进各方之间的深度合作和资源共享，通过多措并举构建出强大的创新联合体，共同推动科技和产业的发展，为新质生产力的长远发展奠定坚实基础。

第二，建立一个有效、完善的技术体系，才能有效解决新质生产力在发展中存在的技术问题。因此，需要对人工智能领域的前沿科学问题进行深入研究。首先，从多个学科和领域出发，构建全面的知识体系；其次，进一步加强人工智能与基础学科的融合，构筑一个关键共性技术体系，在技术层面上实现跨越式发展；最后，塑造出一个全新的科技创新生态，坚持问题导向，通过对社会需求的快速响应推动科技和产业的持续进步。

第三，为了保证科技创新始终保持活力，需要通过一系列的政策和激励措施提升社会的创新意识、激发企业的创新活力。为此，应通过合理分配创新资源对科研机构进行重新定位和布局，建立多元化的科技创新平台，促进科技创新能力的持续提升；同时，还需要加强科技基础设施的建设，以提高国家创新系统的整体效率。在制度方面，则可以实施"放管服"改革，采用全新的管理模式，激发研发人员的积极性；此外，还可以建立一个符合科研规律且包含项目选择、验收、监督管理、绩效评估全流程的制度框架来保障科技创新机制的可持续性。通过上述措施，可以构建出一个充满活力的科技创新生态系统，以可持续为导向推动我国科技和产业的持续发展。

（三）培育协同互嵌的人工智能产业生态

想要进一步推动现代化产业体系的建设，必须认识到新质生产力在其中发挥的支撑作用。因此，需要在遵循产业发展内在规律的基础上，通过对科技创新资源的整合培育新的产业集群，构建完整的产业链和协调的产业结构，有序规划传统产业、新兴战略性产业及未来产业的发展布局，确保各产业之间相互支持、相互促进。同时，需要加快新质生产力理念下现代化产业体系基本架构的建设，为我国产业的可持续发展和经济的高质量发展提供强有力的支撑。

第一，为了充分发挥人工智能在经济体系中的潜力，应当积极推动人工智能产业的转化与升级。人工智能不仅融合了劳动者的智能，还能够反向提高劳动者的能力。劳动者作为生产要素，其发展将为经济体系注入持续的活力。为实现这一目标，需要聚焦于算法技术，并以数据和硬件为基础，加强人工智能的基础理论研究和核心技术自主创新，从而提高克服关键技术难题的能力。应建立一个稳定、高度渗透且具备较大影响力的人工智能产业集群，为推动社会主义现代化产业体系建设提供有力支撑，在人工智能的引领下形成一个协同开放、以技术和应用为核心的产业体系，从而促进各产业的协调发展，提升我国经济的整体竞争力，为实现经济的高质量发展奠定坚实基础。

第二，在产业转型的关键时期，数字化不仅为传统行业带来了挑战，也催生出一系列的新兴行业。只有迅速推动人工智能与传统经济的深度整合，才能强化人工智能产业化的积极影响，充分利用人工智能在数据处理方面的优势，探索结合人工智能的产业创新模式，将先进技术融入传统行业之中，扩大数字化产品和服务的范围。同时，还可以利用数字化手段刺激实体经济，重新塑造产业链和供应链，促进产业结构的改进和升级，加速建立现代化产业体系，促进人工智能与实体经济的深度融合，为经济发展注入新的活力。

第三，应当采取前瞻性的发展战略，着眼于全球和未来的发展形势，通过人工智能的创新应用，整合科技资源，提升科技成果的应用效率。同时，应当培育新的产业群体，打造一个联动、和谐的产业链布局，促进科技与产业的深度融合。在这个过程中，人工智能不仅能够为传统产业的转型升级注入新活力，还能促进新一代信息技术、生物技术、绿色能源等新兴产业的发展，为我国经济的转型升级提供强有力的支撑。此外，还应集中力量推动以类脑智能、量子信息、基因技术等为代表的前沿产业的发展，加速构建现代化产业体系的核心，为新兴产业的发展做足准备。

（四）构建规范、高效的人工智能治理制度生态

新质生产力的发展与社会经济紧密相关，新质生产力依赖于各要素之间的相互作用和协同发展，并且需要强有力的制度保障。为了促进新质生产力的进一步发展，应持续加强市场体系的基础制度建设，包括通过建立完善的公平竞争制度和产权保护制度来提高市场主体的积极性和创新性；同时，还需要建立有效的监管机制及反馈、纠偏和问责制度，确保能够及时发现人工智能可能带来的用户认知风险和内容风险，做好人工智能发展规划的顶层设计，制定相应的法律法规，规范数据使用，保障数据安全。此外，还需要进一步完善全领域各项制度之间的服务协同，应从教育制度、财政调控制度、税收制度、金融制度和科技制度等多方面进行改革和优化，实现各领域之间的紧密配合和相互支持。例如，在教育制度改革方面，应促进人才的合理流动；在科技制度方面，应提供科研激励和奖惩；在财政调控制度方面，应支持区域协调发展等。

针对人工智能快速发展引发的一系列新问题而言，重点需要关注的是人工智能可能带来的个人信息安全风险和国家安全风险。因此，在进行人工智能制度的顶层设计时，应着重考虑如何在保护个人隐私和数据安全的同时推动人工智能的健康发展。建立人工智能监管机制时，应确保技术应用不会对用户认知造成负面影响，避免出现信息泡沫和群体极化等现象。同时，应用人工智能需保证提供内容的多样化，避免出现知识的单一化和用户依赖问题。为了适应人工智能的发展，相关法律法规的制定应紧跟技术发展的步伐，确保数据的合理使用与安全保护；同时，构建有效、完善的反馈机制，便于及时纠偏和追责。最终，通过建立全领域的制度协同服务有效推动人工智能在新质生产力发展中发挥积极的作用，促进经济的可持续发展和社会的整体进步。

（五）聚焦人工智能新机遇，着力推动产业转型升级

人工智能的应用将为企业带来无限机遇。例如，在制造业中，应用人工智能可以提升生产效率和降低成本，实现产品的个性化定制，从而提高制造行业的竞争力；在交通领域中，人工智能的应用可以为有物流和运输需求的企业创造一个更加智能、高效、环保、安全的交通系统，开启一个全新的智慧交通时代；而人工智能与教育领域的结合将重构人才培养模式，由人工智能为人才培训提供新理念、新方法，有望显著提高教育质量和培训效率。此外，人工智能与大模型的深度融合将为企业提供转型升级的良好机遇，推动企业快速发展。

（六）聚焦人工智能新方向，着力再造优势

新一代人工智能是驱动科技和产业变革的核心力量，特别是大模型在其中发挥着至关重要的作用，通用大模型为各种行业人工智能的应用提供了技术引领，是推动各行业核心技术发展的中坚力量，对企业甚至国家的数字经济发展都具有重要影响。因此，企业也应进一步发挥我国人工智能领域的特有优势，通过政府和市场的协同作用，全面推动数据、算法和计算能力的提升，在行业模型和应用场景开发方面持续加大投入力度，同时在通用大模型的开发上紧跟国际先进水平，持续投入、协同创新，争取在核心技术创新上早日实现自主突破，助力人工智能领域的进一步发展。

（七）聚焦人工智能新模式，着力协同奋进

发展人工智能和大模型构建是一个跨学科、跨行业的合作过程，需要政府、产业、学术界、金融界和用户等多个主体的共同努力。我国多个地方政府已经出台了人工智能发展计划和支持政策，设立了专门机构，致力于营造一个有利于人工智能发展的新环境。作为创新链中的企业，应认识到人工智能大模型的发展还处于初级阶段，技术和应用的迭代更新迅速，但离大规模商业化应用还有一段距离。在这个过程中，企业可能会遇到诸如数据安全、隐私保护和伦理规范等多方面的挑战。因此，企业应密切关注行业发展的趋势，将人工智能的创新和应用视为发展战略的重点，加大在核心领域的技术及资源的投入。此外，企业应充分利用现有的平台和沟通渠道，遵循科学原则和价值创造目标，稳步创新，以实现创新投入与回报的良性循环。

第二章
基于上市公司经验的人工智能与企业绩效影响作用分析

一、研究背景

我国人工智能展现出令人瞩目的迅猛发展态势，其商业应用的广度与深度持续扩大，充分彰显了我国在人工智能领域中的引领者地位与巨大的发展潜力。在专利申请和学术研究方面，我国已领先全球。2019年，我国共发表人工智能方面的论文2.87万篇，比2018年增长12.4%。在人工智能专利申请方面，我国增长的势头强劲。2019年，我国人工智能专利申请量超过3万件，同比增长52.4%。这凸显了我国企业的创新能力，预示着人工智能的广泛应用前景。我国对人工智能发展的贡献显著，其在国际开源社区中的贡献度仅次于美国，我国企业在人工智能创新中发挥了主体作用，推动了人工智能应用的快速商业化。

人工智能在企业管理中十分重要，在提升管理效率（Brynjolfsson和McElheran，2016）、优化决策环境、降低成本费用及提高生产率（何帆、刘红霞，2019；徐鹏、徐向艺，2020）等方面展现出积极作用。吴非等（2021）的研究指出人工智能可促进企业价值的提升，对企业绩效产生了正面影响。然而，当前在企业层面针对人工智能应用的具体数据统计相对不足，这无疑给研究者在企业层面的实证探索带来一定的困难。正如Brynjolfsson和Mitchell（2017）所指出的，我们正处于对这场被誉为"第四次工业革命"的变革进行探索与理解的初级阶段。尽管人工智能的潜力与价值已初步显现，但其在企业层面的广泛应用与影响仍需通过更为详细的数据收集与深入分析来进一步揭示。

立足于计算机技术，数据分析方法逐渐深入经济学研究之中，成为学术界研究的焦点。上市公司年报拥有持续性的文本信息特征，是具备规范性的重要资料。目前，我国资本市场正经历着日趋完善与成熟的阶段，具体表现为对上市公司年报信息披露标准的持续强化。上市公司年报信息披露标准的理论框架揭示了投资者决策行为的多样性，指出在投资决策过程中，不仅要重视公司的财务数据，还要关注各类非财务信息的挖掘与利用。因此，上市公司年报在监管、投资者需求及企业信息披露等方面成为研究企业非财务信息的关键途径，可利用年报中的文本信息直接、准确地构建相关指标，解决企业层面人工智能应用数据缺失的问题，为企业发展提供新思路。

二、相关文献综述

（一）人工智能及其对经济的影响

人工智能被视为跨时代的通用技术瑰宝，其经济价值在多个维度上得到体现，不仅引领着创新前沿，而且渗透到各个行业的核心，通过优化资源配置展现其替代性优势，促进了生态共生协同发展，推动了国民经济的全面升级，对产业架构、企业规范式管理产生了深刻影响。回顾人工智能研究领域脉络，现有学术成果丰富且多元。为了全面把握人工智能领域的研究进展与未来趋势，可从宏观战略视野、中观产业分析、微观实践探索三个层面进行系统性梳理与综述。

1. 宏观层面

从宏观视角出发，人工智能作为生产要素下的一项拓展技术，其影响力具有广泛性。针对人工智能影响的研究主要源于宏观经济模型的构建，利用计算机资本、机器人数量等指标，衡量人工智能的发展水平。同时，研究深入探讨了人工智能对经济增长、生产率提升、劳动力需求变化及工资分配等宏观经济变量的潜在影响。

第一，从宏观经济视角来看，人工智能的引入提升了生产效率、促进了经济增长，而且已经得到多项研究支持，包括 Graetz 和 Michaels（2018）、陈彦斌等（2019）及林晨等（2020）的实证研究。Kromann 等人（2020）的研究指出，机器人密度的增加对全要素生产率（TFP）具有正向影响，彰显了人工智能在提升生产效率和促进经济增长中的核心作用。第二，人工智能的发展对就业和工资分配的影响是宏观层面研究的另一重要方向。Acemoglu 和 Restrepo（2016、2018、2019）的研究表明，自动化技术的引入可替代部分劳动力，也可以创造新的就业机会，使机器人对就业影响具有不确定性。但是，不同学者基于不同国家和行业的数据，得出的结论存在明显差异。Acemoglu 和 Restrepo（2020）研究发现，机器人的增加与就业率的下降存在一定关联；而 Dixon 等人（2020）利用加拿大公司层面的数据得出相反的结论，认为投资机器人对就业具有积极影响。上述研究共同揭示了人工智能在就业和分配问题上的复杂性和多样性，因此，需要进一步探索以揭示其具体的影响机制。

随着人工智能的持续发展，我国学术界对人工智能如何影响就业市场给予了密切关注。闫雪凌等学者（2020）的研究深入剖析了机器人在我国制造业中的广泛应用，探索其可能带来的就业负面影响，即便借助美国同行业数据作为参照工具变量，这一负面效应依然较大。然而，吴清华等（2020）却有着不同观点，其指出工业机器人在多个国家中对就业机会有积极影响，尤其对发展中国家的效应更为显著。

王永钦和董雯（2020）从机器人渗透度的视角深入剖析了机器人应用的普及程度，揭示了机器人应用对企业劳动力需求的影响。其研究发现，工业机器人渗透度每提升 1%，劳动力需求减少 0.18%。同时说明机器人技术的广泛应用对传统劳动力市场可能构成的潜在冲击，以及技术进步与劳动力市场变迁之间存在紧密联系。

关于机器人技术如何塑造就业市场的总体格局，学术界当前仍持有诸多观点，广泛认同的是人工智能驱动的自动化进程加剧了就业市场的极化现象。Acemoglu 和 Restrepo（2020）对美国市场的研究显示，高等教育背景已成为明显的分水岭。对于拥有大学及以上学历的劳动力而言，人工智能的渗透并未显著影响其就业与薪酬状况。然而，对于学历在大学以下的劳动者而言，人工智能的应用却带来了就业挑战与薪资压力。Dixon（2020）指出人工智能应用对高、低技能劳动力均有正面效应，但对中等技能者构成一定就业威胁。孙早与侯玉琳（2019）的研究深入剖析了工业智能化对劳动力市场的独特影响，指出我国同样经历了劳动力需求的"两极分化"，与西方国家的趋势相吻合，我国东南沿海等经济发达地区的这种现象尤为明显。在当前的经济环境下，人工智能的应用迫使部分低技能劳动力，尤其是初中及以下学历的劳动者，面临着退出就业市场的现实，呈现出"单极化"的就业结构转型态势。同时，孙早等人的研究立足行业发展，通过技术密集度对行业进行了高、中、低的划分，发现机器人技术的引入对中等技术行业的就业构成了直接冲击，而高、低技术行业则意外地受益，进一步验证了就业市场极化趋势的论断。孔高文等（2020）的研究为探究机器人对就业的动态影响提供了新视角。他们指出，短期内，机器人技术的引入主要表现为对人力工作的替代，可能加剧技术性失业问题；但长期来看，其外溢效应将逐渐显现出来，促进了就业市场的整体增长，凸显出技术变革对就业市场的复杂影响，随着机器人技术的不断成熟与应用深化，其影响模式将更加多元且难以预测。

2. 中观层面

在中观层面的讨论中，人工智能对产业结构与全球价值链的重塑效应已成为学术研究的焦点。研究者通过多维度、多层次的剖析，深入揭示了人工智能在产业升级和全球价值链地位提升中的核心作用。Aghion 等人（2017）构建了研究理论框架，探讨人工智能对经济结构的潜在影响。Aghion 等的人工智能研究揭示了人工智能在提升生产自动化水平方面的重要作用，与产品替代弹性之间具有紧密联系，对资源的重新配置产生深远影响。学者郭凯明（2019）通过构建多部门动态均衡模型，系统地探索了人工智能推动产业结构升级的复杂路径。该模型精准捕捉到技术进步如何引导资源流向高效部门的动态过程，指出了产业升级过程中存在的不确定性因素，并着重强调了政策支持、人力资本积累及市场环境优化的关键性。王文等人（2020）基于省级机器人使用数据的实证研究，验证了人工智能在服务业结构升级中的实际作用，为服务业领域的人工智能应用提供了有力的经验支持。针对我国产业在全球价值链中位置的变化，吕越等人（2020）的研究揭示了人工智能的推动作用，特别是在政策密集出台阶段，加工贸易企业受益尤为显著，可能与人工智能代理变量的选择密切相关。该发现不仅深化了对人工智能经济效应的理解，也为相关政策的制定提供了重要参考。Autor（2017）从市场结构的角度出发，分析了人工智能对市场集中度的影响，揭示了人工智能对市场结构的潜在重塑作用。Milgrom 和 Tadelis（2019）则聚焦于市场设计层面，探讨了人工智能如何通过增强在线市场信任度、优化反馈机制等方式，对市场设计产生深远影响。在行业收入差距方面，邓翔和黄志（2019）以行业人工智能专利申请数量作为衡量指标，创新分析了人工智能行业收入差距的动态影响，为全面理解人工智能在经济社会发展中的复杂作用提供了新的视角。

3. 微观层面

在微观层面上，研究者普遍认同人工智能为企业带来了诸多积极影响，如成本的有效降低、生产率提升、商业模式创新、决策过程优化等。然而，人工智能也引发了关于管理理念与道德问题的深刻探讨。人工智能的引入被视为企业提升竞争力的关键所在。Autor（2017）指出，人工智能不仅可以改变企业的组织形式，推动平台企业崛起，还可以催生出超级明星企业，打破技术层面的局限，涵盖企业运营和管理的全面革新。Strohmeier 和 Piazza（2015）详细剖析了人工智能在人力资源管理方面产生的六大影响，诸如招聘、培训、绩效评估等环节。人工智能的应用使人力资源管理工作更加高效、精准，同时也为企业提供了人才挖掘和培养机会。徐鹏（2020）从管理对象、属性、决策和伦理四个维度探讨了人工智能给企业带来的挑战。他认为，人工智能的广泛应用不可避免地给传统企业管理理念带来冲击，加剧了管理效率与管理伦理之间的冲突。因此，企业在享受人工智能带来的便利的同时，应重视其可能引发的伦理风险。伴随人工智能技术的发展，管理伦理与道德问题逐渐受到研究者关注，其中可能存在偏见和歧视的问题，尚需对人工智能在保护员工隐私和权益方面面临的挑战予以重视。

（二）文本分析法及其在经济学中的应用

文本分析法通过深度挖掘和解析文本数据并加以应用，为经济学研究开辟了新视角，致力于提供创新技术。该技术可以将结构化文本数据与非结构化文本数据共同转化为可量化信息，突破了传统经济、财务数据的局限。

随着智能化与数字化的不断发展，文本分析法受到经济学专家的青睐。文本大数据为经济学提供海量新数据源，丰富了研究材料。

文本分析法在经济学中的应用分三步，如图 2-1 所示。第一步，将原始文本转化为数据矩阵。第二步，运用计量或统计方法处理数据矩阵，形成具有明确经济学意义的信息序列。第三步，基于信息序列深入剖析经济问题。文本分析法作为新兴研究方法，可推动经济学研究的变革，拓展其研究的广度和深度，提高其精确性和可靠性。

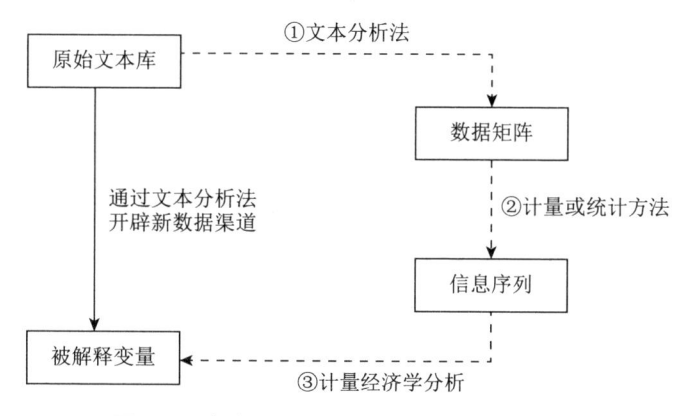

图 2-1 文本分析法为经济学研究提供新数据

文本分析法的核心流程主要集中在前两个步骤，即从文本到矩阵的转换和信息序列的提取。在此过程中，非结构化的文本数据转化为可供计量分析的结构化数据，如图 2-2 所示。

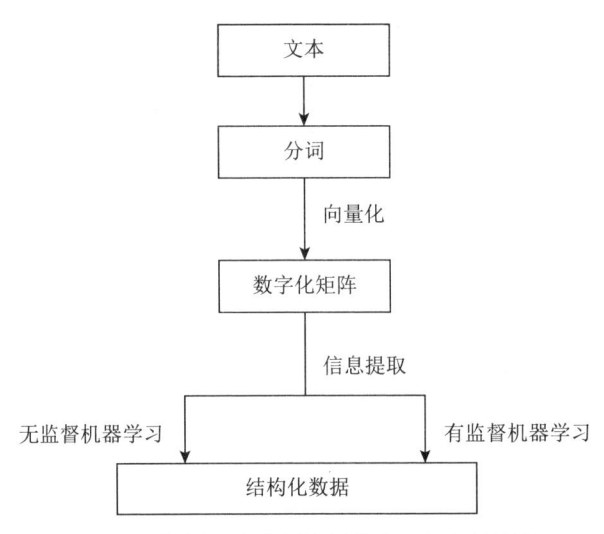

```
                    ┌──────┐
                    │ 文本 │
                    └──┬───┘
                       │
                    ┌──▼───┐
                    │ 分词 │
                    └──┬───┘
                       │ 向量化
                   ┌───▼────┐
                   │数字化矩阵│
                   └───┬────┘
                       │ 信息提取
          无监督机器学习 ┌─┴─┐ 有监督机器学习
              ┌────────▼───▼────────┐
              │     结构化数据       │
              └─────────────────────┘
```

图 2-2　通过文本分析法量化文本信息的流程

第一，文本分词与词组向量化。利用中文分词工具，如 Python 中的"jieba"等对文本进行分词处理，将连续的文本流切割成一个个独立的词组或单词，转化为计算机能够理解的向量化数值形式。需要注意的是，传统的独热法虽简单直接，但在处理大量数据时易忽略上下文关系，可能导致信息丢失和信息歧义。为了解决此类问题，可借助词嵌入技术，如 Word2Vec（用来产生词向量的相关模型）、GloVe（用于自然语言处理的词嵌入技术）等，将词语用低维、密集向量来表示，在降低数据维度的同时保留词语间的上下文关系。

第二，基于机器学习技术的信息提取。在完成文本的分词和向量化之后，利用机器学习技术从数据矩阵中提取有用信息，如监督学习、无监督学习或深度学习等，从而自动发现数据模式及关联，构建有效的指标模型。

文本分析法已在多个研究领域中发挥出关键性作用，尤其在经济、金融和管理等核心领域，其广泛用于深度剖析经济政策的不确定性、分析媒体情绪倾向、探索管理层语调特征及投资情绪等多维度信息。上市公司年报等企业文本尤为受到研究者关注。通过深入分析年报中的文本信息，可揭示信息含量、管理层语调传达的情绪及信息，并与企业未来表现构建潜在联系。例如，Li（2010）的研究指出，年报中管理层的语调与公司未来收益之间存在正相关关系；而 Jiang 等（2019）则发现经理人的情绪对未来市场收益率具有负相关影响。除了年报信息含量外，管理层的语调作为文本分析的重要维度还可以反映出管理层的真实意图。例如，谢德仁和林乐（2015）的研究发现，管理层的语调越轻快就可能预示着企业未来业绩越好。也有研究指出，某些情况下公司高管可能存在言行不一的情况，即年报语调虽然积极，但高管在年报公布后可能更倾向于卖出股票。随着学术研究领域的持续拓展，文本分析法的应用范畴日渐扩大。Hoberg 和 Phillips（2016）的研究指出，巧妙地将文本分析法应用于公司年报中的产品描述，颠覆了行业分类的传统模式，构建了基于文本网络的全新行业分类体系，深化了对公司产品策略与市场适应性之间的关系认知，同时也为企业灵活应对市场变化提供了宝贵的见解。Chen 等（2019）的研究进一步拓宽了文本分析法的应用边界，将其拓展至金融科技领域。他借助有监督的人工智能学习机制，对金融科技专利说明书进行分类，通过先进技术揭示了市场对专利的差异化反应，挖掘出金融科技专利的潜在价值，为投资者评估金融科技公司的价值提供了新的视角，也为金融科技行业的创新与发展指明了方向。

三、人工智能与企业绩效的理论分析及假设

（一）人工智能对企业财务绩效的影响

在探讨人工智能对企业财务绩效的影响因素方面，关于数字技术和人工智能的角色与应用效果存在不同的研究观点。多数学者认为数字技术推进数字化转型对提升企业财务绩效有正面效应。杨德明和刘泳文（2019）发现数字技术可降低运营成本，提升盈利能力。吕越等（2020）指出数字技术有利于优化决策流程、提升运营效率，对企业财务绩效有积极影响。赵宸宇等（2021）强调数字技术可以拓宽营销渠道、增加收入，进一步提升企业财务绩效。

在深入审视企业运营成本与融资环境的过程中，不难发现数字技术和网络，特别是人工智能所带来的深远影响。从生产成本的角度看，人工智能的引入削弱了传统生产方式下高昂的成本负担。通过深入剖析宏观经济环境、行业供需动态及企业内部生产能力，发现人工智能可以协助企业实现精准预测与决策，灵活调整生产与销售策略，有效减少库存积压和能耗成本，提升企业的盈利能力。同时，人工智能驱动的自动化进程也降低了生产对人工的依赖，进一步压缩了劳动力成本，为企业节约了成本。然而，在融资约束方面，企业仍面临信息不对称和投资不确定性等挑战，但值得庆幸的是人工智能如同破局之钥，为企业开启了更为宽广的融资渠道。人工智能借助对大数据的智能识别与分析，不仅帮助企业解决了信息不对称的难题，还为企业提供了精准的投资决策支持，提高了企业的风险抵御能力，提高了资金利用效率。人工智能作为科技创新的先锋领域，与国家鼓励创新的政策导向相契合，吸引了更多投资者的关注，提高了企业的融资能力。人工智能的应用并非毫无门槛，其高昂的开发与应用成本，以及与企业内部资源的深度整合难题，都是企业在享受人工智能红利时必须正视的挑战。此外，人工智能的引入并非总能立即带来显著效益，若管理不善，甚至可能产生负面影响。因此，企业在积极拥抱人工智能的同时也需审慎评估自身条件，制订科学合理的实施策略，以确保人工智能能够真正为企业带来持续的竞争优势和效益。

基于前述分析，提出以下三个假设，通过实证研究深入探索人工智能对企业财务绩效的具体影响。

假设1：在整合与应用的前提下，预期人工智能的广泛采用能够提升企业的财务绩效，为企业带来更为优异的经营成果。

假设2：通过优化生产流程和提高运营效率，预测人工智能的应用将有效减少企业的运营成本，从而提高企业的盈利能力和市场竞争力。

假设3：人工智能有助于减少信息不对称现象，增强市场对企业的信心和信任，最终突破企业在融资过程中可能遇到的约束和限制。

（二）人工智能对企业市场绩效的影响

市场绩效是评估投资者对企业未来成长潜力和经营能力的重要指标，反映投资者对企业盈利预期的认可程度。因此，企业积极运用人工智能等前沿技术，不仅有利于提升企业内部运营效率，还可向市场传递积极的发展信号，吸引投资者的目光（周铭山等，2017）。现代化技术的应用有助于企业在资本市场获得更高估值，提升其市场绩效。周铭山（2017）的研究表明，创业公司加大创新投入力度，可有效降低股价崩盘风险，提升其市场信心。

在当前资本市场日益成熟且机构投资者日益增多的背景下，分析师作为资本市场的信息中介，应对上市公司年报给予高度关注。分析师凭借专业知识与技能对年报进行深入剖析，解读并关注企业数字化转型，探索人工智能应用等是否符合国家政策和企业的战略内容。分析师通过撰写研究报告、发布推荐评级、研究盈余预测等形式向投资者传达研究观点，有利于提高投资者对企业的认知与兴趣，解决资本市场信息不对称问题，有效降低投资风险（吴非等，2021）。

基于以上分析，提出如下假设。

假设4：人工智能的应用对企业市场绩效产生积极影响。

假设5：通过提高分析师的关注度，可提高企业的市场绩效。

四、人工智能与企业绩效的实证研究

（一）样本选择与数据来源

本章以2007—2019年中国A股上市公司为考察对象，进行以下数据筛选和处理步骤。第一，为保障研究样本的稳健性，排除特别处理（ST、*ST）公司，消除潜在的不稳定因素。第二，鉴于金融行业的特殊性，将其样本剔除，避免行业差异对研究结论造成干扰。同时，关注样本中存在主要变量数据缺失的情况，明确数据和研究的完整性。第三，为防范极端值对研究结果造成不必要影响，在数据预处理中对连续变量进行上下1%缩尾处理，构建包含3431家公司、25062个公司年度非平衡面板数据库。

在构建人工智能相关变量时，采用严谨的文本分析法，相关年报数据来自巨潮网。同时，纳入其他相关数据资源，如国泰安数据库，保障研究中使用的数据具有高度可靠性。

（二）企业层面的人工智能应用识别与指标构建

经过对现有实证研究的深入考察，发现关于人工智能的测度存在多种方法，但尚有局限性。信息技术投资虽为常见指标，但因范畴广泛，难以精确衡量企业人工智能的实际渗透程度。同时，机器人密度作为另一指标，主要聚焦于工业制造业，可全面描绘企业人工智能的整体应用。人工智能专利申请量这一指标虽然能反映企业在技术创新层面的努力，但无法真实反映技术的实际运用情况，原因在于专利可能源于内部研发，也可以借助外部技术转移，如通过专利许可等方式获得。考虑到人工智能等数字技术的研发依赖于技术开源平台，多个市场主体在不同环境下共同参与形成了不同的技术。因此，仅依赖专利数据评估人工智能的实际应用程度不够全面。

在评估企业数字化水平的量化研究中，学者普遍以上市公司年报为基础，运用文本分析技术构建出多维度、精细化的度量体系（戚聿东、蔡呈伟，2020；吴非等，2021；赵宸宇，2021）。相关研究不仅对企业的人工智能技术成熟度进行了深入评估（吴非等，2021），也探讨了大数据技术在企业内部的实际应用程度（张叶青等，2021）。然而，当前广泛应用的词典法，以文本中特定词汇的出现频次作为衡量企业数字化程度的主要指标，不可避免地存在局限性。文本中的特定词汇主要侧重于对外部技术环境的宏观描述，难以精确捕捉并区分年报中真正体现企业自身技术应用状况的具体细节。

本章用于文本分析的年报数据来源于巨潮网，结合爬虫技术和人工辅助手段下载所需年报，并利用 WPS 软件将 PDF 格式的年报转换成 TXT 格式，便于后续处理。在数据准备阶段，使用 Python 的 Re 模块精准提取年报中的管理层讨论与分析部分（以下简称 MD&A）。

在剖析企业数字化进程及人工智能技术应用状况的量化指标时，首要关注的核心在于上市公司年报中的 MD&A 部分。第一，MD&A 作为年报的公开披露内容，其获取方式稳定且连贯，同时证监会对其格式进行了规范统一，确保了数据源的一致性和规范性。第二，MD&A 部分要求企业列出核心竞争力，包括新技术变化的影响，为评估人工智能应用提供数据支持。管理层在年报中自愿分享非财务信息，鉴于人工智能对企业竞争力的提升作用及投资者对此的广泛认可，上市公司应在 MD&A 中详细阐述其人工智能的应用状况。第三，年报的严格审计制度及证监会的公开问询机制为文本分析提供了额外的可靠性保障，有效降低了夸大或误导性陈述的风险，如表 2-1 所示。

表 2-1　人工智能关键词词表

一	智能算法：神经网络、机器学习、深度学习 排序算法：分布式计算
二	机器视觉、计算机视觉、图像理解、图像识别、人脸识别、生物识别、图像处理、自动识别、数字图像处理、可视化
三	自然语言语音识别、智能语音客服、人工智能客服、云客服、人机交互技术、智能助手、机器翻译、语义搜索、声纹识别、口语翻译
四	大数据分析和商业智能 系统支持智能数据分析、投资决策辅助，涵盖数据挖掘、数据仓库与数据管理，形成决策支持系统
五	自动驾驶（无人驾驶）

在确定分析的核心焦点并精心构建人工智能词典后，借助 Python 中的 Re 模块，对上市公司年报中的 MD&A 部分进行了精确的内容提取，专注于包含人工智能关键词的段落。经过严格的筛选与比对流程，成功地识别并获取了 21040 个符合预设条件的段落，为后续深入地分析提供了宝贵的素材。

为提升段落识别的精确度和效率，采用监督机器学习技术，并将支持向量机（SVM）作为核心分类算法。SVM 作为在文本分类领域表现卓越的监督学习算法，其核心理念在于运用核函数将文本数据映射至高维空间，并寻找能够有效区分不同类别数据点的超平面。本研究参考了 Chen 等（2019）在金融科技专利分类中的研究范式：第一，构建训练数据集，通过人工标注的方式将实际描述企业人工智能应用的段落标记为正类，其他非相关描述则标记为负类；第二，利用这些标注数据对 SVM 模型进行训练，以实现年报中涉及人工智能段落的精确分类，从而更准确地识别企业的人工智能应用状况。

SVM 的核心在于通过精心设计的核函数，将复杂的文本数据映射至高维特征空间，进而在该空间中寻求最优超平面，将不同类别数据点之间的间隔最大化，从而确保分类结果的精确性和稳定性。在经济与金融研究的领域内，SVM 亦表现出色。例如，Tsukioka 等（2018）运用 SVM 算法深入分析了日本股票论坛中投资者的情绪波动，为市场情绪监测提供了全新的研究视角；Li 等（2019）则将 SVM 应用于网络论坛帖子的情感倾向分类，扩大了其在情感分析领域的应用范畴；Chen 等（2019）的研究将 SVM 引入金融科技领域，通过公司金融科技专利申请分类研究，探讨专利类型对上市公司价值的潜在影响。鉴于 SVM 在文本分类中的卓越性能，本研究决定采用此算法对企业年报中涉及的人工智能展开段落分类，分析企业对人工智能的应用情况。

为精确训练 SVM 模型，参考 Chen 等（2019）所采用的研究方法对训练数据集进行构建，基于严格定义的抽样比例（即测试集大小的两倍），从庞大的企业年报数据库中随机抽取了 590 个段落作为训练样本。同时，通过严谨的人工审核过程，对抽取的段落进行了精细化的标注工作：明确描述企业人工智能应用的段落被归为正类，并赋予其标签"1"；而与人工智能应用无关的段落则归为负类，并赋予其标签"0"，确保了训练数据集的准确性和可靠性。考虑 SVM 算法的多样性，特别比较了 Linear SVM 和 Gaussian SVM 两种模型。Linear SVM 以高效的运算速度和适用性受到青睐，而 Gaussian SVM（又称 RBF）凭借强大的拟合能力，应用范围更加广泛。通过测试指标对比，最终确定效果最佳模型。在模型评估方面，运用精确率、召回率、准确率和 F1 分数作为指标（见表 2-2）全面衡量模型性能，有助于判断模型分类的正确性，揭示模型在识别正样本和避免误判方面的综合功能。最后，参考 Chen 等（2019）的研究方法，采用 10 次交叉验证，通过平均值选取最优模型。

表 2-2 SVM 模型指标

	Accuracy（精确率）	Recall（召回率）	Precision（准确率）	F1
Gaussian SVM	85.55%	92.40%	81.77%	86.63%
Linear SVM	86.46%	93.62%	82.34%	87.56%

从表 2-2 的数据分析结果可以明确观察 Linear SVM 模型在各项指标上的表现比 Gaussian SVM 模型略胜一筹。然而，纵观整体角度，两者之间的指标差异不明显，在一定程度上证明了识别结果的稳健性。

在评估企业年报中人工智能的渗透程度时，采用两种互补方法。第一，基于年报中的人工智能使用段落，构建 0～1 虚拟变量，直观反映企业运营情况。第二，结合词典法，全面衡量渗透程度。运用人工智能关键词，分析其在年报 MD&A 部分中所占的比例，以此作为人工智能渗透程度的另一指标，强调关键词在实际应用段落中的分布情况，从而提高了度量的准确性。

（三）变量定义与描述性统计

本书探讨的是企业财务绩效和市场绩效如何受到企业人工智能（AI）的应用影响。基于此，选取资产净利润率（ROA）和权益净利润率（ROE）两个被解释变量，衡量企业财务表现。ROA 和 ROE 的数值越高，意味着企业盈利能力越强，财务绩效也相应越高。同时，为衡量企业市场绩效，用公司账面市值比（BM）作为指标。BM 代表企业总资产与其市场价值的比例。当 BM 数值较低时，反映出公司的市场价值较高、市场绩效更为出色。关于核心解释变量企业人工智能应用，可依据上述方法进行具体构建，并引入其他变量作为控制因素，变量定义如表 2-3 所示，这些变量体现了企业人工智能应用与财务及市场绩效之间的关系。

表 2-3 变量定义

Variable（变量）	含义	计算方法
AI	是否使用 AI，虚拟变量	利用机器学习中的线性模型
ROA	资产净利润率	净利润 / 总资产
ROE	权益净利润率	净利润 / 股东权益
BM	账面市值比	股东权益 / 市场价值
SIZE	公司规模	总资产取对数（ln）
AGE	公司年龄	公司上市年龄
EM（Equity Multiplier）	权益乘数	总资产 / 所有者权益
Current Ratio	流动比率	流动资产 / 流动负债
Ownership Concentration	股权集中度	第一大股东持股比例
Dual	两职合一	虚拟变量，公司董事长与 CEO 为同一人的记为 1，否则记为 0
INDDIR	独立董事占比	独立董事人数 / 董事会总人数
Nature of Property Right	产权性质	虚拟变量，国有企业记为 1，否则记为 0
Opex	营业成本率	营业成本 / 营业收入
Management Fee Rate	管理费用率	管理费用 / 营业收入
Financial Expense Ratio	财务费用率	财务费用 / 营业收入
Research and Declaration Attention	研报关注度	在一年内，该公司进行过跟踪分析的研报数量的对数
Analyst Attention	分析师关注度	在一年内，对该公司进行过跟踪分析的分析师（团队）数量的对数

主要变量的描述性统计结果如表 2-4 所示。

表2-4 主要变量的描述性统计结果

Variable	样本数量	均值	标准差	最小值	最大值
AI	25062	0.180	0.380	0	1
ROA	25062	0.0400	0.0700	−2.750	0.590
ROE	25062	0.0800	0.220	−4.320	21.35
BM	25062	0.610	0.240	0	1.460
SIZE	25062	22.01	1.330	14.94	28.52
AGE	25062	15.51	5.810	0	118
EM（Equity Multiplier）	25062	2.320	5.330	0.600	532.9
Current Ratio	25062	2.670	4.490	0	204.7
Ownership Concentration	25062	35.88	15.28	0.290	89.99
Dual	25062	0.270	0.450	0	1
INDDIR	25062	0.370	0.0600	0.0900	0.800
Nature of Property Right	25062	0.430	0.500	0	1
Research and Declaration Attention	25062	1.900	1.400	0	5.540
Analyst Attention	25062	1.550	1.140	0	4.330

图2-3呈现了样本中运用人工智能的企业占比随时间变化的趋势，揭示出应用人工智能的企业数量呈现增长态势，尤其是2011年，人工智能领域迎来第一次发展高峰，时代发展趋势与人工智能发展历程相吻合。

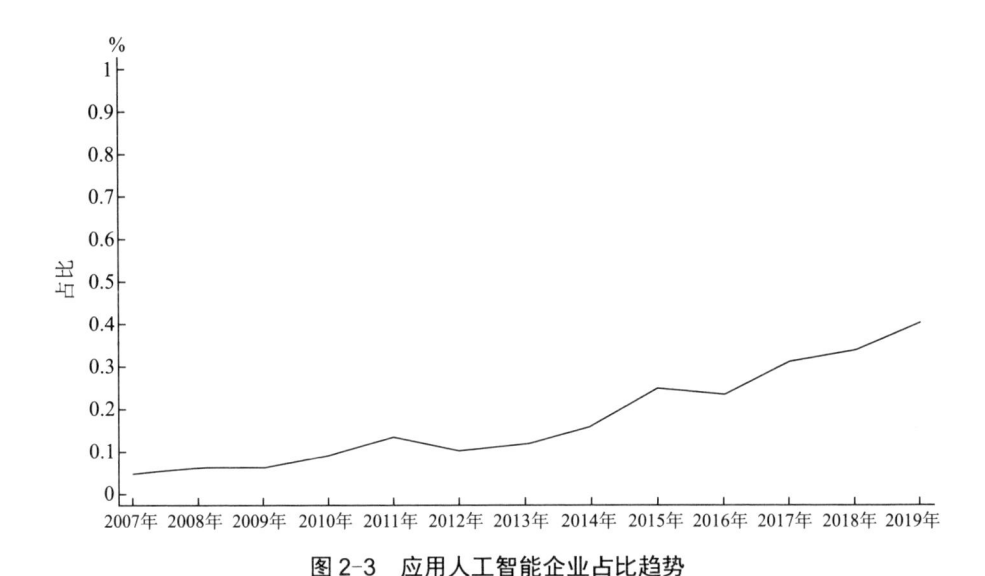

图 2-3 应用人工智能企业占比趋势

（四）基准回归分析

基准回归模型设定如下：

$$performances_{i,t}=a_0+a_1AI_{i,t-1}+\Phi x_{i,t}+u_j+\xi_t+\varepsilon_{i,t} \qquad (2-1)$$

上述模型中，设定企业（i）在不同年份（t）的绩效受到人工智能应用的影响。绩效综合称为performances。为全面评估人工智能应用的影响，考虑控制变量（X），如企业规模、经营年限、权益乘数、流动比率、产权性质、股权集中度、领导结构和独立董事的占比情况，捕捉非人工智能因素对企业绩效的影响。同时，引入行业固定效应（u_j）反映行业差异，引入时间固定效应（ξ_t）反映宏观经济环境和政策变动的影响。误差项（$\varepsilon_{i,t}$）代表模型中未考虑的随机干扰因素。模型综合考虑人工智能应用、控制变量、行业和时间固定效应，能够准确评估人工智能对企业综合绩效的影响。

为提高模型结果的可靠性，本书采取以下处理措施。第一，缓解内生性问题，对企业人工智能应用情况进行滞后处理，保障分析基于人工智能应用的前瞻性影响，提高因果关系的准确性。第二，考虑不同行业和宏观经济环境对企业绩效的影响，引入行业和时间固定效应，控制外部因素对绩效的潜在影响。第三，基于公司层面进行聚类稳健标准误处理，减少异方差性和相关性问题，提升模型结果的准确性。

根据表 2-5 所示，人工智能在企业运营中与关键财务指标相关。在 5% 显著性水平上，人工智能对 ROA 和 ROE 的回归系数均为正，表明人工智能能够提高企业的财务绩效。同时，人工智能对 BM 的回归系数在 1% 水平上显著为负，反映人工智能与企业市场价值正相关。因 BM 降低通常意味着市场价值提升，所以，人工智能也显著促进企业市场绩效的提升，上述假设 1 和假设 4 成立。

表 2-5 对企业绩效的回归结果

	(1) ROA	(2) ROE	(3) BM
L.AI	0.0040**	0.0061**	−0.0144***
	(0.0014)	(0.0027)	(0.0034)
SIZE	0.0058***	0.0217***	0.0996***
	(0.0007)	(0.0012)	(0.0011)
AGE	−0.0002*	0.0003	−0.0011***
	(0.0001)	(0.0002)	(0.0002)
EM（Equity Multiplier）	−0.0018**	−0.0093***	−0.0002
	(0.0007)	(0.0025)	(0.0002)
Current Ratio	0.0015***	0.0011***	−0.0002
	(0.0003)	(0.0003)	(0.0003)
Ownership Concentration	0.0005***	0.0010***	0.0000
	(0.0000)	(0.0001)	(0.0001)
Dual	0.0000	0.0011	−0.0000
	(0.0012)	(0.0023)	(0.0027)
INDDIR	−0.0363***	−0.0909***	−0.0391*
	(0.0085)	(0.0177)	(0.0206)
Nature of Property Right	−0.0149***	−0.0303***	0.0023
	(0.0012)	(0.0027)	(0.0028)
_cons	−0.0860***	−0.3872***	−1.5585***
	(0.0145)	(0.0248)	(0.0253)

续表

	(1) ROA	(2) ROE	(3) BM
YearFE	YES	YES	YES
IndustryFE	YES	YES	YES
N	20899	20899	20899
adjustedR^2	0.0969	0.1781	0.5801

注：*P＜0.1，**P＜0.05，***P＜0.001，* 表示在10%水平上显著，** 表示在5%水平上显著，*** 表示在1%水平上显著。

为评估人工智能应用对企业绩效的长期影响，扩大时间跨度进行观察，对解释变量实施滞后两期处理，结果如表2-6所示。同时，为增强研究的全面性，还对核心被解释变量进行前置一期和两期的分析处理，结果如表2-7和表2-8所示。对比观察表中的数据，人工智能应用与企业绩效正相关。总体来看，企业应用人工智能不仅会在短期内对绩效产生积极影响，而且在未来两年内能够持续发挥其推动作用，证实人工智能在企业运营中具有长期价值，能够为企业决策者提供参考。

表2-6 人工智能对企业绩效的长期影响：解释变量滞后两期

	(1) ROA	(2) ROE	(3) BM
L2.AI	0.0027*	0.0048*	−0.0137***
	(0.0015)	(0.0028)	(0.0038)
SIZE	0.0065***	0.0209***	0.1047***
	(0.0007)	(0.0016)	(0.0012)
AGE	0.0000	0.0004	−0.0010***
	(0.0001)	(0.0003)	(0.0003)
EM（Equity Multiplier）	−0.0017**	−0.0080***	−0.0001
	(0.0006)	(0.0022)	(0.0002)
Current Ratio	0.0017***	0.0013***	−0.0013***
	(0.0004)	(0.0004)	(0.0003)

续表

	(1) ROA	(2) ROE	(3) BM
Ownership Concentration	0.0005***	0.0009***	−0.0003***
	(0.0000)	(0.0001)	(0.0001)
Dual	−0.0012	0.0012	−0.0037
	(0.0013)	(0.0036)	(0.0029)
INDDIR	−0.0370***	−0.0922***	−0.0418*
	(0.0090)	(0.0248)	(0.0219)
Nature of Property Right	−0.0131***	−0.0226***	0.0107***
	(0.0012)	(0.0047)	(0.0030)
_cons	−0.1065***	−0.3736***	−1.6868***
	(0.0159)	(0.0386)	(0.0273)
YearFE	YES	YES	YES
IndustryFE	YES	YES	YES
N	17893	17893	17893
adjustedR²	0.1026	0.0681	0.5927

注：*P＜0.1，**P＜0.05，***P＜0.001，*表示在10%水平上显著，**表示在5%水平上显著，***表示在1%水平上显著。

表2-7　人工智能对企业绩效的长期影响：被解释变量前置一期

	(1) F1.ROA	(2) F1.ROE	(3) F1.BM
AI	0.0043**	0.0075**	−0.0139***
	(0.0014)	(0.0029)	(0.0034)
SIZE	0.0022***	0.0116***	0.0988***
	(0.0005)	(0.0012)	(0.0012)
AGE	−0.0002**	−0.0001	−0.0013***
	(0.0001)	(0.0002)	(0.0002)

续表

	(1) F1.ROA	(2) F1.ROE	(3) F1.BM
EM（Equity Multiplier）	−0.0015**	0.0016	0.0002
	(0.0005)	(0.0017)	(0.0005)
Current Ratio	0.0010***	0.0009***	0.0002
	(0.0002)	(0.0002)	(0.0002)
Ownership Concentration	0.0005***	0.0010***	−0.0000
	(0.0000)	(0.0001)	(0.0001)
Dual	−0.0001	0.0005	0.0015
	(0.0012)	(0.0025)	(0.0027)
INDDIR	−0.0246**	−0.0553**	−0.0400*
	(0.0095)	(0.0197)	(0.0215)
Nature of Property Right	−0.0132***	−0.0319***	−0.0004
	(0.0012)	(0.0028)	(0.0029)
_cons	−0.0112	−0.1929***	−1.5244***
	(0.0110)	(0.0254)	(0.0263)
YearFE	YES	YES	YES
IndustryFE	YES	YES	YES
N	20899	20899	20899
adjustedR^2	0.0692	0.0473	0.5671

注：*P＜0.1，**P＜0.05，***P＜0.001，* 表示在10%水平上显著，** 表示在5%水平上显著，*** 表示在1%水平上显著。

表2-8 人工智能对企业绩效的长期影响：被解释变量前置两期

	(1) F2.ROA	(2) F2.ROE	(3) F2.BM
AI	0.0030**	0.0062**	−0.0145***
	(0.0015)	(0.0031)	(0.0039)

续表

	(1) F2.ROA	(2) F2.ROE	(3) F2.BM
SIZE	0.0016**	0.0080***	0.1013***
	(0.0005)	(0.0020)	(0.0013)
AGE	0.0000	0.0001	−0.0012***
	(0.0001)	(0.0004)	(0.0003)
EM（Equity Multiplier）	−0.0017***	0.0017	0.0000
	(0.0004)	(0.0043)	(0.0008)
Current Ratio	0.0008***	0.0007**	−0.0005**
	(0.0002)	(0.0002)	(0.0002)
Ownership Concentration	0.0005***	0.0009***	−0.0004***
	(0.0000)	(0.0001)	(0.0001)
Dual	−0.0020	−0.0037	−0.0008
	(0.0013)	(0.0029)	(0.0031)
INDDIR	−0.0231**	−0.0574**	−0.0350
	(0.0094)	(0.0252)	(0.0237)
Nature of Property Right	−0.0108***	−0.0233***	0.0038
	(0.0012)	(0.0035)	(0.0031)
_cons	−0.0030	−0.1143**	−1.5761***
	(0.0117)	(0.0427)	(0.0295)
YearFE	YES	YES	YES
IndustryFE	YES	YES	YES
N	17893	17893	17893
adjustedR^2	0.0664	0.0172	0.5573

注：*P＜0.1，**P＜0.05，***P＜0.001，* 表示在10%水平上显著，** 表示在5%水平上显著，*** 表示在1%水平上显著。

（五）稳健性检验

采用不同解释变量构建方法检验基准回归结果的稳健性。结合有监督与无监督机器学习，采用基于年报文本中人工智能关键词频率的指标（AIper）衡量上市公司人工智能的渗透程度。参考聂辉华等（2020）的研究，计算人工智能关键词占比，并将其作为 AIper 值，衡量企业人工智能应用程度，检验基准回归的可靠性，得出稳健性检验与基准回归结果一致，如表 2-9 所示。其中，滞后一期的 AIper 系数为正，证明人工智能应用程度与企业财务绩效正相关。随着人工智能应用程度的提升，企业账面市值比降低，市场价值提高，验证了人工智能应用对企业市场绩效的正向作用。

表 2-9 稳健性检验结果

	(1) ROA	(2) ROE	(3) BM
L.AIper	1.5982*	3.5249**	−9.3582***
	(0.8154)	(1.4521)	(1.9958)
SIZE	0.0058***	0.0217***	0.0997***
	(0.0007)	(0.0012)	(0.0011)
AGE	−0.0002**	0.0003	−0.0011***
	(0.0001)	(0.0002)	(0.0002)
EM（Equity Multiplier）	−0.0018**	−0.0093***	−0.0001
	(0.0007)	(0.0025)	(0.0002)
Current Ratio	0.0015***	0.0011***	−0.0003
	(0.0003)	(0.0003)	(0.0003)
Ownership Concentration	0.0005***	0.0010***	0.0000
	(0.0000)	(0.0001)	(0.0001)
Dual	−0.0000	0.0010	0.0002
	(0.0012)	(0.0023)	(0.0027)
INDDIR	−0.0362***	−0.0907***	−0.0394*
	(0.0085)	(0.0177)	(0.0206)

续表

	(1) ROA	(2) ROE	(3) BM
Nature of Property Right	−0.0150***	−0.0303***	0.0022
	(0.0012)	(0.0027)	(0.0028)
_cons	−0.0863***	−0.3872***	−1.5590***
	(0.0145)	(0.0247)	(0.0253)
YearFE	YES	YES	YES
IndustryFE	YES	YES	YES
N	20899	20899	20899
adjustedR^2	0.0967	0.1781	0.5802

注：*P＜0.1，**P＜0.05，***P＜0.001，* 表示在10%水平上显著，** 表示在5%水平上显著，*** 表示在1%水平上显著。

（六）机制检验

为进一步解析人工智能对企业绩效的影响，本章依据理论分析框架，运用识别检验方法，对以下三个方程进行设计。方程（2-2）验证了人工智能对 ROA、ROE 和 BM 的显著影响。方程（2-3）和方程（2-4）分别验证人工智能如何影响中介变量 M 及 M 如何影响企业绩效。若方程（2-3）的 β_1 和方程（2-4）的 y_2 均显著，而且人工智能的系数 y_1 相较于基准回归中的 a_1 减小或不显著，则证明中介变量 M 在影响机制中起显著作用，具体阐述如下。

$$performances_{i,t}=a_0+a_1AI_{i,t-1}+\Phi x_{i,t}+u_j+\xi_t+\varepsilon_{i,t} \quad (2-2)$$

$$Mediator_{i,t}=\beta_0+\beta_1AI_{i,t-1}+\Phi x_{i,t}++u_j+\xi_t+\varepsilon_{i,t} \quad (2-3)$$

$$performances_{i,t}=y_0+y_1AI_{i,t-1}+y_2Mediator_{i,t}+Ax_{i,t}+u_j+\xi_t+\varepsilon_{i,t} \quad (2-4)$$

1. 人工智能对财务绩效的影响机制

人工智能主要通过两种路径对财务绩效产生积极影响。第一，依据成本论，人工智能可降低企业运营过程中的成本费用，提升企业的财务绩效水平。第二，利用融资约束理论，人工智能的应用有助于突破企业在融资过程中面临的约束条件，进一步提升企业的盈利能力。

(1) 依据成本论的检验

利用成本论检验中,本章结合学术界的成果与财务知识,将营业成本率、管理费用率、财务费用率作为核心指标,进行检验与分析。

①营业成本率。表2-10详细呈现了方程(2-3)与方程(2-4)的回归结果。L.AI对Opex的回归系数呈现负值且该结果在1%的水平显著下,证明人工智能在企业中具有积极应用,可有效降低企业的营业成本。同时,从表2-10第三列和第四列的数据观察Opex系数在1%显著性水平上为负,证明企业应用人工智能有利于降低营业成本、提升财务绩效。

表2-10 人工智能影响企业绩效的机制识别:营业成本率

	(1) Opex	(2) ROA	(3) ROE
L.AI	−0.0201***	0.0004	−0.0001
	(0.0030)	(0.0013)	(0.0026)
Opex		−0.1748***	−0.3062***
		(0.0057)	(0.0111)
SIZE	0.0045***	0.0063***	0.0229***
	(0.0011)	(0.0006)	(0.0012)
AGE	0.0015***	0.0001	0.0007***
	(0.0002)	(0.0001)	(0.0002)
EM (Equity Multiplier)	0.0016**	−0.0015**	−0.0088***
	(0.0007)	(0.0005)	(0.0023)
Current Ratio	−0.0053***	0.0006***	−0.0005**
	(0.0011)	(0.0001)	(0.0002)
Ownership Concentration	−0.0003***	0.0005***	0.0009***
	(0.0001)	(0.0000)	(0.0001)
Dual	−0.0105***	−0.0019*	−0.0022
	(0.0023)	(0.0011)	(0.0022)
INDDIR	−0.0237	−0.0397***	−0.0966***
	(0.0173)	(0.0078)	(0.0166)

续表

	(1) Opex	(2) ROA	(3) ROE
Nature of Property Right	0.0565***	−0.0049***	−0.0127***
	(0.0023)	(0.0012)	(0.0025)
_cons	0.6051***	0.0244**	−0.1970***
	(0.0265)	(0.0123)	(0.0244)
YearFE	YES	YES	YES
IndustryFE	YES	YES	YES
N	20896	20896	20896
adjustedR^2	0.4091	0.2093	0.2506

②管理费用率。根据表 2-11 中的数据可知，L.AI 在管理费用率模型中为正，但未达到显著性水平。结果与学者（戚聿东、蔡呈伟，2020；张叶青等，2021）的观点一致，证明数字技术的应用成本较高，可能给企业的实际运营带来一定负担。因此，可推断当前人工智能与企业管理组织架构的融合程度尚不足以发挥数字技术在企业运营中的优势。

表 2-11　人工智能影响企业绩效的机制识别：管理费用率

	(1) Management Fee Rate	(2) ROA	(3) ROE
L.AI	0.0036	0.0039**	0.0061**
	(0.0028)	(0.0013)	(0.0027)
Management Fee Rate		−0.0075*	−0.0179***
		(0.0045)	(0.0047)
SIZE	−0.0381**	0.0053***	0.0209***
	(0.0117)	(0.0006)	(0.0012)
AGE	0.0015**	−0.0002*	0.0003
	(0.0005)	(0.0001)	(0.0002)

续表

	(1) Management Fee Rate	(2) ROA	(3) ROE
EM（Equity Multiplier）	0.0024	-0.0018**	-0.0092***
	(0.0015)	(0.0006)	(0.0025)
Current Ratio	0.0043*	0.0016***	0.0012***
	(0.0024)	(0.0003)	(0.0003)
Ownership Concentration	-0.0010***	0.0005***	0.0010***
	(0.0003)	(0.0000)	(0.0001)
Dual	-0.0100*	-0.0002	0.0008
	(0.0052)	(0.0012)	(0.0023)
INDDIR	0.1524	-0.0347***	-0.0879***
	(0.1186)	(0.0085)	(0.0176)
Nature of Property Right	0.0123	-0.0148***	-0.0301***
	(0.0156)	(0.0012)	(0.0027)
_cons	0.8835***	-0.0755***	-0.3690***
	(0.2184)	(0.0132)	(0.0245)
YearFE	YES	YES	YES
IndustryFE	YES	YES	YES
N	20897	20897	20897
adjustedR^2	0.0075	0.1019	0.1835

③财务费用率。如表2-12所示，L.AI对企业财务费用率呈现出负向影响，表明应用人工智能可降低费用率。综合分析，应用人工智能可以降低企业财务成本、提升盈利能力。

表 2-12 人工智能影响企业绩效的机制识别：财务费用率

	(1) Financial Expense Ratio	(2) ROA	(3) ROE
L.AI	−0.0058***	0.0035**	0.0053**
	(0.0010)	(0.0013)	(0.0027)
Financial Expense Ratio		−0.0622**	−0.1219**
		(0.0262)	(0.0532)
SIZE	0.0040***	0.0058***	0.0221***
	(0.0010)	(0.0006)	(0.0012)
AGE	0.0000	−0.0002*	0.0003
	(0.0002)	(0.0001)	(0.0002)
EM（Equity Multiplier）	0.0016**	−0.0017**	−0.0091***
	(0.0007)	(0.0006)	(0.0025)
Current Ratio	−0.0035***	0.0013***	0.0007**
	(0.0010)	(0.0003)	(0.0003)
Ownership Concentration	−0.0003***	0.0005***	0.0010***
	(0.0001)	(0.0000)	(0.0001)
Dual	−0.0007	−0.0001	0.0009
	(0.0017)	(0.0012)	(0.0023)
INDDIR	0.0063	−0.0355***	−0.0898***
	(0.0087)	(0.0084)	(0.0176)
Nature of Property Right	−0.0028	−0.0150***	−0.0306***
	(0.0021)	(0.0012)	(0.0027)
_cons	−0.0564**	−0.0855***	−0.3916***
	(0.0203)	(0.0139)	(0.0242)
YearFE	YES	YES	YES

续表

	(1) Financial Expense Ratio	(2) ROA	(3) ROE
IndustryFE	YES	YES	YES
N	20898	20898	20898
adjustedR^2	0.0640	0.1053	0.1844

（2）依据融资约束理论的检验

参考 Hadlock（2009）的研究，本章采用 SA 指数衡量企业融资约束程度。通过分析表 2-13 中的数据发现：滞后一期的人工智能（L.AI）对 SA 指数的回归系数为负，表明人工智能有助于降低企业融资约束。因此，应用人工智能能够缓解融资约束问题，促进企业盈利能力的提升，与财务费用率机制共同形成多维度作用机制。

综上所述，假设 2 与假设 3 得到有效证实。

表 2-13　人工智能影响企业绩效的机制识别：财务费用率

	(1) SA	(2) ROA	(3) ROE
L.AI	−0.0068**	0.0037**	0.0057**
	(0.0023)	(0.0013)	(0.0027)
SA		−0.0451***	−0.0630***
		(0.0073)	(0.0102)
SIZE	0.0192***	0.0066***	0.0229***
	(0.0018)	(0.0007)	(0.0013)
AGE	−0.0400***	−0.0020***	−0.0023***
	(0.0002)	(0.0003)	(0.0005)
EM（Equity Multiplier）	0.0005**	−0.0018**	−0.0092***
	(0.0002)	(0.0007)	(0.0025)

续表

	(1) SA	(2) ROA	(3) ROE
Current Ratio	0.0023***	0.0016***	0.0012***
	(0.0005)	(0.0003)	(0.0003)
Ownership Concentration	0.0002***	0.0006***	0.0010***
	(0.0001)	(0.0000)	(0.0001)
Dual	0.0097***	0.0005	0.0017
	(0.0019)	(0.0012)	(0.0023)
INDDIR	0.2051***	−0.0270**	−0.0780***
	(0.0201)	(0.0086)	(0.0178)
Nature of Property Right	−0.0025	−0.0150***	−0.0305***
	(0.0018)	(0.0012)	(0.0027)
_cons	−3.5953***	−0.2483***	−0.6137***
	(0.0412)	(0.0363)	(0.0515)
Year FE	YES	YES	YES
Industry FE	YES	YES	YES
N	20899	20899	20899
adjusted R^2	0.8030	0.1022	0.1803

2. 人工智能对市场绩效影响机制

企业年报积极披露人工智能等尖端技术信息，对提高市场预期有明显作用。分析师在资本市场中扮演传递信息的角色，其关注度的提升对吸引投资者的注意力尤为重要。本研究构建关注度指标，验证回归结果稳健性，数据来源于国泰安数据库。

表2-14中的数据显示，人工智能应用及年报信息披露对分析师关注度有正向影响且在1%水平上显著。同时，分析师关注度的提升会使企业市场价值（BM值）下降，市场表现活跃，表明上述假设5成立。

表2-14 人工智能影响企业市场绩效的机制识别：分析师关注度

	(1) Analyst Attention	(2) BM	(3) Research and Declaration Attention	(4) BM
L.AI	0.1709***	−0.0051	0.2168***	−0.0048
	(0.0203)	(0.0032)	(0.0253)	(0.0032)
Analyst Attention		−0.0547***		
		(0.0011)		
Research and Declaration Attention				−0.0447***
				(0.0009)
SIZE	0.4866***	0.1262***	0.6017***	0.1265***
	(0.0059)	(0.0011)	(0.0073)	(0.0011)
AGE	−0.0254***	−0.0025***	−0.0305***	−0.0025***
	(0.0017)	(0.0002)	(0.0021)	(0.0002)
EM (Equity Multiplier)	−0.0120**	−0.0008***	−0.0142**	−0.0008***
	(0.0049)	(0.0002)	(0.0059)	(0.0002)
Current Ratio	0.0130***	0.0005	0.0143***	0.0004
	(0.0031)	(0.0003)	(0.0036)	(0.0003)
Ownership Concentration	0.0005	0.0000	0.0007	0.0000
	(0.0005)	(0.0001)	(0.0006)	(0.0001)
Dual	0.0544***	0.0029	0.0664***	0.0029
	(0.0161)	(0.0025)	(0.0199)	(0.0025)
INDDIR	−0.5227***	−0.0676***	−0.6175***	−0.0666***
	(0.1221)	(0.0197)	(0.1512)	(0.0196)
Nature of Property Right	−0.3672***	−0.0178***	−0.4814***	−0.0193***
	(0.0165)	(0.0026)	(0.0202)	(0.0027)
_cons	−8.5045***	−2.0235***	−10.5212***	−2.0286***
	(0.1422)	(0.0255)	(0.1749)	(0.0254)
Year FE	YES	YES	YES	YES

续表

	(1) Analyst Attention	(2) BM	(3) Research and Declaration Attention	(4) BM
Industry FE	YES	YES	YES	YES
N	20899	20899	20899	20899
adjusted R^2	0.3315	0.6245	0.3316	0.6251

（七）人工智能对企业绩效影响的异质性分析

1. 所有权性质

国有企业与非国有企业相比，更容易获取融资和政府补贴，为国有企业在人工智能的研发与应用方面提供了有力支撑。在国家创新、数字技术等战略指引下，国有企业应响应号召，加速人工智能的融合应用，从而创造出更高的社会效益。

为深入研究人工智能对国有企业与非国有企业财务绩效的影响，采用分样本回归的方法进行检验。从表2-15的回归结果来看，在国有企业样本中，人工智能应用（L.AI）对其资产净利润率（ROA）和权益净利润率（ROE）的影响在5%的显著性水平上呈正向效应，而在非国有企业中，L.AI的影响并不显著；并且国有企业和非国有企业两组系数之间的差异较大，表明人工智能在提升国有企业财务绩效上作用更突出。

表2-15 人工智能对企业财务绩效的影响：企业所有权异质性

	国有企业 ROA	非国有企业 ROA	国有企业 ROE	非国有企业 ROE
L.AI	0.0047**	0.0031*	0.0131**	0.0017
	(0.0018)	(0.0018)	(0.0051)	(0.0030)
SIZE	0.0059***	0.0083***	0.0216***	0.0283***
	(0.0006)	(0.0013)	(0.0016)	(0.0020)

续表

	国有企业 ROA	非国有企业 ROA	国有企业 ROE	非国有企业 ROE
AGE	0.0003**	−0.0005***	0.0009**	−0.0001
	(0.0001)	(0.0001)	(0.0003)	(0.0003)
EM（Equity Multiplier）	−0.0013**	−0.0056**	−0.0080***	−0.0190***
	(0.0005)	(0.0021)	(0.0022)	(0.0045)
Current Ratio	0.0046***	0.0010***	0.0058***	0.0002
	(0.0009)	(0.0003)	(0.0012)	(0.0002)
Ownership Concentration	0.0004***	0.0007***	0.0007***	0.0012***
	(0.0000)	(0.0001)	(0.0001)	(0.0001)
Dual	0.0001	−0.0001	−0.0005	0.0019
	(0.0017)	(0.0015)	(0.0046)	(0.0027)
INDDIR	−0.0474***	−0.0202	−0.1346***	−0.0304
	(0.0101)	(0.0127)	(0.0266)	(0.0236)
_cons	−0.1093***	−0.1383***	−0.4106***	−0.5318***
	(0.0156)	(0.0267)	(0.0344)	(0.0399)
Year FE	YES	YES	YES	YES
Industry FE	YES	YES	YES	YES
N	9386	11512	9386	11512
adjusted R^2	0.1332	0.1080	0.2118	0.1928
difference	0.0016*		0.0114*	

接下来，我们对市场绩效进行深入分析。表 2-16 中的回归结果显示了国有企业与非国有企业在市场价值方面的对比情况。人工智能的运用（L.AI）在提升账面市值比（BM）方面发挥正面效应。需要注意的是，尽管国有企业的系数绝对值更大，但与非国有企业之间的差异并未达到统计上 10% 的明显水平。上述结果反映：无论是国有企业还是非国有企业，

均有可能获得市场的积极认可。

表 2-16 人工智能对企业市场绩效的影响：企业所有权异质性

	国有企业 BM	非国有企业 BM
L.AI	−0.0249***	−0.0123**
	(0.0061)	(0.0041)
SIZE	0.1019***	0.0977***
	(0.0015)	(0.0017)
AGE	−0.0007	−0.0019***
	(0.0005)	(0.0003)
EM（Equity Multiplier）	−0.0002	−0.0003
	(0.0002)	(0.0003)
Current Ratio	−0.0087***	0.0004
	(0.0011)	(0.0003)
Ownership Concentration	−0.0004***	0.0003**
	(0.0001)	(0.0001)
Dual	0.0039	−0.0043
	(0.0051)	(0.0031)
INDDIR	−0.0364	−0.0356
	(0.0296)	(0.0283)
_cons	−1.5688***	−1.5284***
	(0.0366)	(0.0393)
Year FE	YES	YES
Industry FE	YES	YES
N	9386	11512
adjusted R^2	0.6141	0.5286
difference		−0.0126

国有企业在科技转型和人工智能应用方面取得了明显进展。为进一步加快在人工智能等核心技术领域的研发突破，应积极构建新型基础设施，推动人工智能的规模化集成应用。同时，国有企业还需要增加对人工智能

研发的投入，在提高企业运营效率的同时巩固和提升自身在国民经济中的核心地位，实现健康发展。

2. 制造业与非制造业企业

制造业企业是实体经济的重要支柱之一，其在人工智能应用方面同样拥有发展潜能。然而，相较于非制造业企业，制造业企业的经营流程较为复杂，包括采购、仓储、生产、销售等环节。在智能化转型中，制造业企业需要投入大量的研发和改造资金，从产品设计、生产、销售到配套设施的各个方面进行全面优化。尽管人工智能在理论上具有促进自动化生产、减少人力依赖的潜力，但人工智能的全面融合与效能发挥却受到多重因素的限制，尤其是在高素质劳动力与人工智能的匹配度问题上表现得更为显著。人工智能时代的到来要求制造业企业采取人工智能的新型工作模式，使企业不得不加大对高技能人才的投入与引进，导致运营成本的上升，而非预期的降低。同时，人工智能的广泛应用还可能导致资本与劳动力配置的不均衡，间接抑制了生产率的持续增长。

鉴于上述背景提出以下假设：人工智能对制造业与非制造业企业的财务绩效影响存在区别。为了验证上述假设，设计分样本检验，回归结果如表 2-17 所示。通过结果分析发现，人工智能对非制造业企业财务绩效有积极影响；而在制造业企业中，影响则相对较小，揭示了数字化技术在提升制造业企业财务绩效方面尚存不足的现状。

表 2-17　人工智能对企业财务绩效的影响：制造业与非制造业企业

	制造业企业 ROA	非制造业企业 ROA	制造业企业 ROE	非制造业企业 ROE
L.AI	0.0020	0.0076**	0.0010	0.0155**
	(0.0016)	(0.0025)	(0.0036)	(0.0041)
SIZE	0.0067***	0.0045***	0.0224***	0.0201***
	(0.0008)	(0.0009)	(0.0015)	(0.0019)
AGE	−0.0003**	0.0001	0.0002	0.0006*
	(0.0002)	(0.0001)	(0.0003)	(0.0003)

续表

	制造业企业 ROA	非制造业企业 ROA	制造业企业 ROE	非制造业企业 ROE
EM（Equity Multiplier）	-0.0014**	-0.0028**	-0.0091**	-0.0097**
	（0.0007）	（0.0011）	（0.0031）	（0.0035）
Current Ratio	0.0015***	0.0013***	0.0011**	0.0005
	（0.0004）	（0.0004）	（0.0004）	（0.0004）
Ownership Concentration	0.0006***	0.0005***	0.0010**	0.0009***
	（0.0000）	（0.0001）	（0.0001）	（0.0001）
Dual	0.0016	-0.0031	0.0035	-0.0047
	（0.0014）	（0.0022）	（0.0028）	（0.0040）
INDDIR	-0.0416***	-0.0269**	-0.0883***	-0.0902**
	（0.0113）	（0.0130）	（0.0214）	（0.0285）
Nature of Property Right	-0.0179***	-0.0084***	-0.0346***	-0.210***
	（0.0015）	（0.0020）	（0.0036）	（0.0041）
_cons	-0.1009***	-0.0676***	-0.4042***	-0.3554***
	（0.0186）	（0.0184）	（0.0321）	（0.0358）
Year FE	YES	YES	YES	YES
Industry FE	YES	YES	YES	YES
N	12489	8407	12489	8407
adjusted R^2	0.1182	0.0985	0.1972	0.1672
difference	\multicolumn{2}{c}{-0.0056*}	\multicolumn{2}{c}{-0.0145**}

人工智能与制造业、非制造业的 BM 指数均表现为负相关，体现出人工智能对产业的积极影响，即市场对制造业应用人工智能持积极态度。因此，政策应加强对制造业的关注，推动制造业企业的智能化转型，更好地适应技术和市场的需求变化。在政策上可以提供更有力的支持，鼓励企业充分利用人工智能等先进数字技术推动整个产业链的优化升级，为我国经济的持续发展注入新的动力。表 2-18 所示为人工智能对企业市场绩效的影响：制造业与非制造业企业。

表 2-18 人工智能对企业市场绩效的影响：制造业与非制造业企业

	制造业企业 BM	非制造业企业 BM
L.AI	−0.0173***	−0.0105*
	（0.0044）	（0.0054）
SIZE	0.0995***	0.982***
	（0.0015）	（0.0016）
AGE	−0.0014	−0.0008**
	（0.0003）	（0.0004）
EM（Equity Multiplier）	−0.0004**	0.0006*
	（0.0001）	（0.0003）
Current Ratio	−0.0006*	0.0013*
	（0.0003）	（0.0007）
Ownership Concentration	0.0001	−0.0001
	（0.0001）	（0.0001）
Dual	0.0015	−0.0044
	（0.0034）	（0.0044）
INDDIR	−0.0059	−0.0731**
	（0.0274）	（0.0310）
Nature of Property Right	−0.0098**	0.0208***
	（0.0037）	（0.0043）
_cons	−1.5691***	−1.5181***
	（0.0352）	（0.0379）
Year FE	YES	YES
Industry FE	YES	YES
N	9386	11512
adjusted R^2	0.6141	0.5286
difference	−0.0126	−0.0126

3. 企业技术属性

高技术产业企业凭借雄厚的研发实力和丰富的高素质人才储备，成为人工智能应用领域中的领军者。其不仅具备深度融合人工智能的组织管理能力，而且在生产经营等各个环节中均具有优越条件，有利于不断突破技术创新的边界。相较于非高技术产业企业，高技术产业企业在人工智能应用方面拥有更坚实的基础，能够全面提升盈利能力。

为精准地剖析人工智能对高技术产业和非高技术产业企业的影响，本书依据国家统计局相关分类标准，对高技术产业企业与非高技术产业企业进行分组分析。表 2-19 是其回归结果。对于高技术产业企业而言，L.AI 对 ROE 的回归系数在 5% 的显著水平上呈正值，表明人工智能对高技术产业企业的绩效具有正向促进作用。对于非高技术产业企业而言，L.AI 对 ROE 的回归系数并不显著，而且具有一定的差异性。

表 2-19　人工智能对企业绩效的影响：高技术与非高技术产业企业

	高技术产业企业 ROA	非高技术产业企业 ROA	高技术产业企业 ROE	非高技术产业企业 ROE
L.AI	0.0047**	0.0034**	0.0073**	0.0049
	(0.0023)	(0.0017)	(0.0038)	(0.0038)
SIZE	0.0079***	0.0052***	0.0205***	0.0223***
	(0.0013)	(0.0007)	(0.0019)	(0.0016)
AGE	−0.0004**	−0.0001	−0.0004	0.0005**
	(0.0002)	(0.0001)	(0.0004)	(0.0003)
EM（Equity Multiplier）	−0.0022**	−0.0017**	−0.0071***	−0.0099**
	(0.0007)	(0.0008)	(0.0015)	(0.0034)
Current Ratio	0.0013**	0.0016***	0.0006*	0.0015**
	(0.0004)	(0.0005)	(0.0003)	(0.0005)
Ownership Concentration	0.0006***	0.0005***	0.0011***	0.0010***
	(0.0001)	(0.0000)	(0.0001)	(0.0001)
Dual	0.0031	−0.0016	0.0058*	−0.0014
	(0.0021)	(0.0014)	(0.0035)	(0.0029)
INDDIR	−0.0776***	−0.0214**	−0.1291***	−0.0760***
	(0.0169)	(0.0097)	(0.0290)	(0.0218)

续表

	高技术产业企业 ROA	非高技术产业企业 ROA	高技术产业企业 ROE	非高技术产业企业 ROE
Nature of Property Right	−0.0209***	−0.0130***	−0.0341***	−0.0289***
	(0.0027)	(0.0013)	(0.0042)	(0.0034)
_cons	−0.1104***	−0.0822***	−0.3378***	−0.4105***
	(0.0302)	(0.0167)	(0.0423)	(0.0302)
Year FE	YES	YES	YES	YES
Industry FE	YES	YES	YES	YES
N	5800	15099	5800	0.1509
adjusted R^2	0.1019	0.0922	0.1509	0.1872
difference	0.0012		0.0228	

上述研究结果并非有意贬低人工智能在非高技术产业企业中的价值。在现实中，非高技术产业企业引入人工智能同样可以实现降低成本、提升效率等目标，从而提高盈利能力。目前，政策需关注技术外溢的问题，鼓励高技术产业企业传授管理经验，从而推动产业数字化转型、提升社会效益、助推数字经济发展。

对表 2-20 的数据进行深入分析可以发现，尽管非高技术产业企业在技术基础层面与高技术产业企业存在一定差距，但人工智能的引入对二者的市场绩效都产生了正面影响。可能归因于非高技术产业企业在采用人工智能后展现出向科技化转型的趋势。人工智能的深入应用使市场开始对这些企业进行重新评估，将其纳入高技术产业企业的范畴，使非高技术产业企业产生标签效应（曹启中等，2020），为非高技术产业企业带来市场优势，使其获得了与高技术产业企业相近的市场认可度，提升了其市场价值。这种现象表明：在数字化转型的大背景下，即使起点各异，非高技术产业企业通过积极地采用人工智能，同样能够实现市场地位的提升，享受技术进步带来的益处。

表 2-20 人工智能对企业市场绩效的影响：高技术与非高技术产业企业

	高技术产业企业 BM	非高技术产业企业 BM
L.AI	−0.0104**	−0.0158***
	(0.0051)	(0.0046)
SIZE	0.0997***	0.0996***
	(0.0022)	(0.0013)
AGE	−0.0008*	−0.0013***
	(0.0005)	(0.0003)
EM（Equity Multiplier）	0.0006**	−0.0004**
	(0.0002)	(0.0001)
Current Ratio	0.0002	−0.0009***
	(0.0003)	(0.0004)
Ownership Concentration	0.0002	−0.0000
	(0.0002)	(0.0001)
Dual	0.0063	−0.0041
	(0.0046)	(0.0033)
INDDIR	0.0984**	−0.0972***
	(0.0375)	(0.0244)
Nature of Property Right	−0.0171***	0.0087**
	(0.0056)	(0.0032)
_cons	−1.6799***	−1.5097***
	(0.0492)	(0.0295)
Year FE	YES	YES
Industry FE	YES	YES
N	5800	15099
adjusted R^2	0.5139	0.5691
difference	0.0055	

第三章
人工智能采用程度对企业创新绩效的影响分析

一、研究问题

本章从理论分析与实践考察两个角度出发，研究人工智能采用程度对企业创新绩效的影响，探讨了企业采用人工智能的主要驱动因素，对企业选择引入或忽视人工智能展开深入分析，探究了采用人工智能的根本原因；并且对人工智能采用程度与企业的创新绩效关系进行重点研究，聚焦人工智能如何帮助企业实现迅速、高效的创新活动，以及如何应用人工智能等问题。

本章研究的问题是人工智能采用程度如何影响企业创新绩效，研究的基础假设是企业已经广泛采用了人工智能。然而，实际情况却与假设条件并不相同，因为并非所有企业都采用了人工智能，部分企业由于各种原因可能没有或者很少采用这项技术。因此，研究需要考虑理想背景与实际研究背景之间的差异，从实际角度出发全面理解人工智能采用程度与企业创新绩效之间的关系。第一，需要探索企业为何选择引入人工智能，包括了解企业采用人工智能的动因、动机和决策过程。第二，分析人工智能如何提高企业的创新效率，即研究人工智能技术如何应用于企业的创新过程，以及它如何影响企业的技术研发、知识更新与产品或服务创新。通过上述两个研究问题的相互补充形成全面的分析框架，探讨人工智能采用程度与企业创新绩效的关系。研究过程应遵循企业实际采用人工智能的顺序，先决策，后融合创新。如图 3-1 所示，当研究聚焦探究创新情境中人工智能采用程度的驱动因素（研究问题1）时，研究问题2是研究问题1的进一步延伸。在这个框架中，企业通过人工智能获得创新成果，进而促使企业采用人工智能。反过来，当关注研究问题2时，研究问题1则有助于追溯和解释哪些因素会影响人工智能的采用程度，以及这些因素如何使企业在采用人工智能后产生更高的创新绩效。

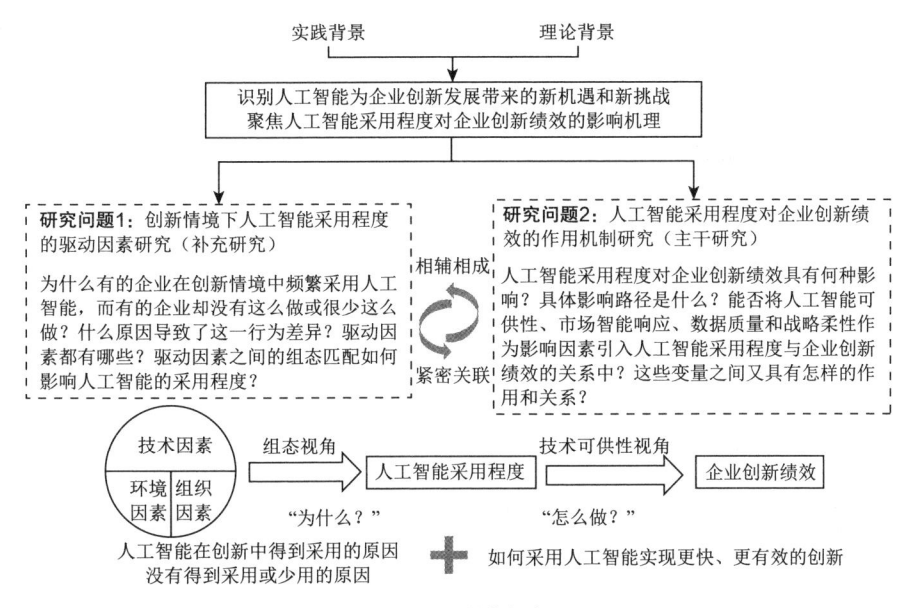

图 3-1 研究框架

上述两个问题之间是相互关联的，研究问题2认为企业采用人工智能技术的部分原因是企业期望通过应用人工智能获得更好的创新。而研究问题1则解释了这种结果是如何产生的，追溯分析了影响企业人工智能采用程度的各种因素。

（一）创新情境下人工智能采用程度的驱动因素研究

在创新情境下研究企业人工智能采用程度的驱动因素具有重要意义，不仅反映了企业在新技术应用上的深度和广度，也揭示了数字时代下商业价值的新兴来源。因此，企业采用人工智能时必须全面考虑技术、组织结构、市场环境等因素，这些因素共同决定了企业的人工智能采用程度。然而，现有研究往往只关注单一因素的影响机制，缺少对多种因素间相互作用的考虑。而基于组态视角研究人工智能的采用程度，则考虑了多种驱动因素的相互作用和协同作用，这种方法更接近实际情况，有助于揭示其中的组态路径，从而得出更合理的结论。

本章基于组态理论展开研究，聚焦企业在创新情境下采用人工智能的程度问题，解释了不同企业在采用人工智能方面的行为差异。本章采用技术－组织－环境（TOE）框架分析了影响企业采用人工智能的因素。TOE框架充分考虑了技术、组织、环境等多重因素，在结合最新的学术研究成果、创新因素及我国企业的实际操作经验的基础上，确定了六个关键驱动因素。其中，技术因素包括企业基础设施与竞争优势；组织因素包括高层支持与员工专业知识；环境因素包括市场竞争与政策支持。为了深入理解这些因素之间的相互作用及各因素如何影响企业人工智能的采用程度，采用模糊集定性比较分析（fsQCA）方法分析不同因素组合对企业人工智能采用程度的影响。fsQCA方法能够识别多个因素组合（组态）的共同作用及其产生的特定结果。本章研究解决以下四个问题。第一，为什么有些企业在创新情境中频繁采用人工智能，而其他企业则没有？第二，什么原因造成了这种行为差异？第三，哪些驱动因素影响了企业的人工智能采用程度？第四，这些驱动因素的不同组合如何影响企业的人工智能采用程度？

（二）人工智能采用程度对企业创新绩效的作用机制研究

虽然人工智能采用程度对企业创新绩效具有重要影响，但结合已有文献能够发现，人工智能采用程度方面的研究仍存在一定的不足之处，部分研究论述缺乏实证研究的支持，尤其是在大样本检验方面。同时，还有部分研究只关注影响的结果，而忽视了人工智能采用程度为什么会影响创新绩效的探讨，以及企业的人工智能采用程度受哪些因素影响。例如，Markus和Silver（2008）对人工智能的实现展开了研究，虽然其研究强调了人工智能的重要性，但一笔带过。为了解决这些问题，本章将技术可供性理论作为新的理论分析视角。技术可供性理论强调技术采用者和技术之间的相互作用，并认为这种互动产生了行动潜能。这一理论能够有效避免只关注技术的内在特性或企业主体的内在特性等问题，能够更全面地考虑技术采用者如何利用技术实现自己的目标。该理论认为，不同的人在不同情境下采用同一种技术可能产生不同的结果。这意味着技术的采用和影响是多样化的，产生的结果取决于采用者的目的和所处的情境。技术可供性理论具有三大优势。第一，该理论在组织变革的情境中，可以在关注社会因素的同时不忽视新技术的独特属性。第二，该理论全面考量新技术的特性及新的行为实践，适用于各类新技术的研究，能够降低技术理论过时的风险。第三，该理论探讨技术在不同场景和目标下的潜在可用性，有利于避免技术应用误区，可用于协助验证组织环境与技术功能之间相互作用的结果。

本章严谨剖析了技术可供性、资源基础、动态能力理论，探究人工智能采用程度对企业创新绩效的具体影响，发现企业采用人工智能时的偏好、频率及范围是影响企业创新绩效的关键因素。同时，进一步指出人工智能在提升企业绩效、增强快速感知和响应市场变化等方面的作用。本章还重点讨论了影响人工智能采用程度和企业创新绩效关系的边界条件，认为数据质量是影响人工智能产生可供性的重要因素，因此，将数据质量作为调节变量，将组织柔性作为调节变量。

二、理论基础

（一）技术可供性理论

技术可供性理论为本章的研究提供了全新的视角。目前，技术可供性理论在管理信息研究方面已经得到一定的应用，成为信息分析研究中的重要理论依据。该理论在本章研究中的应用主要体现在以下几个方面。第一，技术可供性理论是分析利用信息技术与信息系统实现组织变革的重要理论基础。该理论着重探讨了数字技术在人与环境互动中的可用性和适用性，揭示了即使采用的数字技术相同，不同的用户或组织也可能根据自身的需求和情境实现各异的目标和效果。第二，该理论具有综合性特征。该理论并不完全站在技术决定论或社会决定论的任何一边，而是提出了一种折中的新观点，用于解释数字技术的应用过程，以及数字技术如何影响使用者的行为。第三，技术可供性理论有助于研究人员探索如何通过数字技术提高企业的创新效率，突出了技术本身、使用技术的主体及两者间相互作用的重要性，从而填补了现有研究对技术特性关注不足的问题。第四，根据技术可供性理论提供的逻辑链条可以形成一种相对新颖的研究模型，有助于理解社会与技术之间的相互作用，挖掘技术的潜在功能和应用。

（二）资源基础理论

资源基础理论（Resource-Based View，RBV）作为企业战略管理领域的核心理论之一，其起源可追溯至彭罗斯（Penrose）于1959年的开创性研究。Wernerfelt于1984年对其进行正式命名与界定，在Barney（1991年及后续研究）、Barney等（2001），以及Wang与Ahmed（2007）等学者的深化与完善下逐渐形成了一套完整的理论体系。RBV的核心观点在于，其强调企业竞争优势的源泉是企业独特且难以复制的资源与能力。其中，资源包括传统的人力资源、物质资产及财务资本等要素，侧重于资源如何被企业及外部环境评估为具备战略价值的资源。RBV指出资源的核心价值体现在其独特性、稀缺性等特性上，这些属性共同构成了企业间的竞争壁垒，决定了企业能否有效进入市场并获得预期收益。RBV强调资源的异质性和不完全流动性是维持竞争优势的关键，侧重于企业如何有效地配置、整合与利用这些资源以创造更大的价值。在数字经济迅速发展的背景下，数据资源作为新兴生产要素的重要性日益显著。企业在构建竞争优势时，应更加关注数据资源的积累、管理与应用。基于RBV的指导，企业应积极开展数字化转型，将数据视为重要的战略资源，通过技术创新与管理创新不断提升数据资源的价值，从而在激烈的市场竞争中保持自身的领先地位。

从RBV的角度看，数据资源因其特性成为企业竞争优势的重要来源之一。数据资源能够反映企业和市场的发展趋势，因此能够为企业决策提供依据。Jordana等（2019）提出，可以用RBV分析企业数据资源的作用，包括解释企业可能面临的损失和放弃资源获得的好处。随着数据湖的出现，数据质量成为数据管理研究中的关键问题，高质量的数据资源意味着更大的竞争优势。本章将数据质量作为调节变量，探讨人工智能采用程度与技术可用性的关系。

（三）动态能力理论

商业环境的动态性对 RBV 提出了挑战，原因是 RBV 主要关注资源的静态特性而忽视了能力的动态作用，导致运用 RBV 的研究结果存在明显的问题。企业不仅需要独特的资源，还需要相应的能力来优化对这些资源的利用。RBV 未能充分解释市场变动如何影响竞争优势的持续性，以及资源如何转化为竞争优势的具体机制，应进一步对该理论进行完善。为了弥补 RBV 的不足，Teece 和 Pisano（1994）、Eisenhardt 和 Martin（2000）提出了动态能力这一概念。动态能力是指企业通过更新、整合和重构资源以适应市场变化的能力。动态能力源自企业资源与能力的演变，其核心是资源间的互动升级并重构形成核心竞争力，使企业能够灵活地应对外部环境变化，维持竞争优势（Wang 和 Ahmed，2007）。动态能力的发挥并非单纯依赖企业拥有的资源，而是通过资源的有效整合与重构实现的。

根据动态能力理论，企业为了在快速变化的环境中保持竞争力，需要具备与之相适的能力（Teece 等，1997）。组织柔性是企业动态能力表现的一个方面，组织柔性强调企业能够灵活地运用并重新配置资源，以便快速有效地应对市场的挑战。组织柔性作为企业的一种重要动态能力，其本质是寻求通过资源重组和优化利用来创造价值（Xiao 等，2021）。组织柔性在调整资源、能力、结构和流程方面发挥着关键作用，对于提升企业创新绩效有着积极的影响。

三、相关文献综述

（一）人工智能采用程度的相关研究

大部分研究将人工智能的采用简化为一个单一的度量维度，并且聚焦于人工智能服务和功能的被接受程度，强调人工智能采用程度与用户使用人工智能的频次和数量成正比。本章对人工智能采用程度的定义强调的是企业或个体的具体行为，针对如何持续地利用人工智能来分析和学习外部信息进行探讨，认为只有通过系统地持续升级以达成特定的目标或完成任务后，才能充分理解人工智能采用程度与企业发展之间的关系，更加注重企业对人工智能的持续应用和系统升级，而不仅仅是表面的使用频次和数量。

在人工智能采用评估的研究中，不同学者针对不同的应用场景和背景开发出多种评估方法。企业员工对人工智能应用情况的打分是较为常见的评估方法，主要用于评估人工智能的用途和应用程度。在学术研究领域中，Issa 等对采用人工智能的目的进行了深入探讨，并将采用人工智能的目的作为统一且连贯的概念框架，基于此对量表进行设计。该量表涵盖了三个核心维度的问题，能够全面衡量人工智能的采用情况。Baabdullah 等的研究聚焦中小企业对人工智能的实际应用，开发了包含四个关键维度问题的量表，用于评估中小企业在人工智能应用中的表现。Pillai 和 Sivathanu 的研究聚焦人才招聘领域，致力于探索人工智能在该领域的应用，并成功开发了包含四个问题的测量工具，用于评估人工智能在人才招聘中的实际效用。Braganza 等（2021）设计了一个包含五个维度问题的量表，用于评估员工在日常工作中采用人工智能的情况。这些研究展示了人工智能采用情况评估方法的多样性和发展趋势，为理解、评估人工智能在各个领域的应用提供了宝贵的工具和视角。

Lee 等（2022）在研究企业人工智能的采用程度时，要求企业对三种关键的人工智能——自然语言处理、计算机视觉及机器学习在产品或服务开发中的应用情况进行评分，涵盖从 1（未采用）到 6（占 50% 以上）的不同级别，企业需从中选择出三种得分较高的技术，以确定企业的人工智能采用程度，从而有效地衡量企业在人工智能领域的应用深度和广度，为评估企业的人工智能应用能力提供了一个可靠的指标。

Kinkel 等（2022）在企业人工智能采用程度评估方面提出了一种新的方法体系。他们创建了一个人工智能采用程度指数，覆盖人工智能在三个主要应用领域的内容，以保障评估效果。在这一体系中，该指数涉及处理大数据分析、辅助业务流程的规划和优化，以及执行自主决策等内容。研究人员又分别设定了四个级别来衡量企业的采用水平，分别是0（未采用）、1（试点采用）、2（部分领域采用）和3（全面采用）。通过对人工智能在这三个领域中采用的程度求均值，最终得出企业人工智能采用程度的总分。这种评估方式不仅关注了人工智能技术的应用范围，也考虑了人工智能在企业中的普及度和深入程度。

1. 人工智能采用在个体层面的驱动因素

在分析个人采用人工智能的驱动因素时，学术界通常采用一些相对成熟的理论模型，如Bedué和Fritzsche（2022）提到的技术接受模型（TAM）和接受与使用技术的统一理论（UTAUT），以及基于刺激-有机体-反应的理论（S-O-R）和配价（Valency）框架。Park等（2021）对TAM展开了深入研究，他们认为个人的采用意愿受其对技术态度的影响，而这种态度又根植于个人对技术的感知有用性和感知易用性。Venkatesh等（2003）则从UTAUT出发，强调个体对人工智能的采用侧重于四个核心变量，分别是社会影响、便利条件、绩效期望和努力期望，这些变量将影响个人对技术的态度和采用行为。表3-1为个体层面人工智能采用的驱动因素研究。

表3-1 个体层面人工智能采用的驱动因素研究

学者	驱动因素	采用情境	研究方法与模型
Flavián等（2020）	技术层面：积极预期、创造性、不适感、风险感 认知层面：用户属性	人工智能顾问在金融行业中的运用	定量研究
Pillai和Sivathanu（2020a）	用户体验便捷性、认知价值、信心与信赖度、智能感知能力、人性化特征，对传统旅游服务提供商的忠诚度	利用人工智能聊天机器人提供个性化定制服务	定量研究：TAM
Rahman等（2021）	体验便捷性、认知价值、认知状态、风险意识、信任感知、社会影响、态度倾向、技术理解	人工智能机器人在服务场所中的应用	定量研究：TAM

续表

学者	驱动因素	采用情境	研究方法与模型
Chatterjee 等（2021）	认知价值、使用便捷性、信任感知、态度倾向、行为动机	客户管理系统	定量研究：TAM
Hsieh 和 Lee（2021）	信息传递深度、人际互动仿真度、信赖度、实用性认知、操作便捷性、观念倾向、长期使用意愿	客户应用智能设备	定量研究
Yoon 和 Lee（2021）	技术创新与定制化品质、情感共鸣能力、个人认知需求层次	客户应用智能推荐	定量研究：AIDA
Park 等（2021）	隐私保护与信任水平、认知评价、操作评价、主观倾向、行为倾向	客户应用自动服务系统	定量研究：TAM
Blut 等（2021）	隐私关注与客户个性、社会学信息、机器人设计属性、机器人智能水平、功能属性、机器人种类、服务种类	提供模仿真人的自动化服务	元分析
Cao 等（2021）	同行作用、有利因素、预期收益、可预见付出、幸福感、成长忧虑、感知焦虑、感知敏感度	决策方案的制定	定量研究：UTAUT
Song 等（2022）	各类服务代理、感知交流品质、隐私威胁	聊天机器人作为决策辅助工具，协助消费者做出选择	实验法
Lee 和 Chen（2022）	人性化、技术任务匹配、感知代价、感知危险、信赖	手机银行的应用	定量研究：S–O–R
Liu 等（2022a）	感知实用性，操作便捷性、乐趣性、隐私问题、信赖度	患者对医疗机构中人工智能服务机器人的持续使用意愿	定量研究：TAM
Bedué 和 Fritzsche（2022）	信赖、认知的利益、感知到的危险	社会组织及个人通用场景	定性研究：配价框架
Upadhyay 等（2022）	工作表现预期、努力付出预期、社会压力影响、娱乐驱动动机、便利性缺失、不明确性、透明度、可获取性	数字创业领域的创业者采用人工智能	定量研究

2. 人工智能在组织层面采用的驱动因素

在组织层面，研究人工智能应用主要采用基于 TAM 和创新扩散（DOI）理论的 TOE（Technologn-Organization-Environment，技术、组织、环境）框架。TOE 框架从技术、组织和环境三个维度进行分析，探讨了这些因素如何影响技术创新的采用与实施（Tornatzky 和 Fleischer，1990）。DOI 理论认为，新技术在企业内部的传播与应用效果不仅受到个人特征（如管理层领导力）的影响，还受到组织内部和外部环境因素的影响（Oliveira 和 Martins，2010）。组织在决定是否采用人工智能时会考虑竞争的压力、技术的优势、管理层的支持程度、组织的资源状况及政府的监管政策等因素，如表 3-2 所示。

表 3-2 组织层面采用人工智能的驱动因素研究

学者	驱动因素	采用情境	研究方法与模型
Pumplun 等（2019）	关键的组织因素包括企业文化、组织的大小、可用资源及组织架构。技术因素则涉及技术的相对优势及与现有系统的兼容性。而环境因素则包括竞争的强度、政府的规定、市场的需求及潜在用户的准备程度	企业通用	定性研究：TOE 框架
Pillai 和 Sivathanu（2020b）	在评估组织采用人工智能的决策时，考虑的因素包括成本效益分析、技术的相对优势、高层管理者的支持、员工的准备情况、市场竞争的压力、人工智能提供商的协助等。此外，还需要考虑特定任务的需求和技术的特性	人工智能在人才获取中的应用	定量研究：TOE 和任务-技术匹配（TTF）框架
Nam 等（2021）	关键考量因素包括技术的相对优势、操作的复杂性、外部信息技术专业知识的可用性、企业在市场中的地位、财务的合理性、员工可能的反抗、消费者对新技术的准备程度和经验、市场竞争状况及潜在的法律挑战	酒店行业采用人工智能和机器人	定性研究：TOE 框架

续表

学者	驱动因素	采用情境	研究方法与模型
Baabdullah 等（2021）	技术发展前景、专项能力、心态、基础设置、认知、技术性质	B2B 中小企业	定量研究
Kinkel 等（2022a）	人工智能开发的投资额、预计的成本节约额、技术性的利益、供应商创新带来的竞争优势	B2B 营销	定性研究
Issa 等（2022）	人工智能的成熟度、人工智能促进创新的特点	农业企业创新	定量研究+定性研究
Chen 等（2022）	外部商业环境的数字化转型；与信息处理和知识应用相关的任务属性；任务之间的相互关联性；营销过程中的信息处理能力	在 B2B 营销中采用大数据	定性研究
Nguyen 等（2022）	技术兼容、比较优势、技术难度、技术素养、管理效能、组织成熟度、政府介入、市场波动	企业通用	定量研究：TOE 框架和 DOI 理论
Kinkel 等（2022b）	外部工作环境、企业概况、企业内部情况	制造业	定量研究

虽然已有研究在探讨影响人工智能采用的因素方面取得了较多成果，但采用人工智能后可能产生的结果和影响方面的研究仍有不足。已有研究更倾向于在理论框架内探讨人工智能在特定情境下的作用。更深入地理解人工智能采用后的效果，还需要分别审视人工智能采用后的结果及其在不同行业中应用的研究动态。

个体层面人工智能采用结果的研究。个体层面的研究集中探讨员工对于组织引入人工智能的感受和反应。Braganza 等（2021）的研究发现，人工智能的采用可能在员工中引起一种不确定性的感受，这种感受会影响员工与组织之间的情感联结，以及员工在工作投入与工作信任之间的积极联系。盛晓娟等（2022）的研究表明，人工智能的采用会改变员工的任务表现，对员工的工作积极性产生影响。

组织层面人工智能采用结果的研究。在组织层面，人工智能的应用会对多个变量产生积极作用，主要包括组织学习、互动、关系管理和绩效等。Basri（2020）的研究发现，在人工智能辅助下的社交媒体营销会促进企业管理的发展。Rahman 等（2021）认为，人工智能的采用促进了企业营销分析和整体营销的互动。Baabdullah 等（2021）的研究提出，人工智能改变了企业的服务方式，加强了企业与用户和供应商的关系。Chen 等（2022）认为，在 B2B 营销中采用人工智能可以提升组织的学习能力，进而提高营销绩效。Lee 等（2022）的研究指出，企业必须加大对人工智能的投入，才能观察到人工智能对企业绩效提升的作用。不仅需要投资人工智能，还要投资其他互补技术，致力于内部研发的企业的人工智能采用程度越高，人工智能带来的绩效提升效果越显著。此外，Krakowski 等（2022）通过研究发现，人工智能的引入会引发多种效应，包括人类与人工智能之间的替代或互补关系，借助这些效应可以带来竞争优势和企业绩效的提升。

（二）人工智能采用程度的相关研究

人工智能的可供性是指技术使用者利用人工智能实现自身目标的可能性。可供性理论认为，人工智能与技术发展之间以可供性为纽带实现了共性发展。这一观点得到了 Volkoff 和 Strong（2017）及 Du 等（2019）的支持，Volkoff 等认为企业通过与人工智能持续互动，能够实现对某些行动潜力的激发。此外，Marku 和 Silver（2008）的研究也支持了这一观点，他们认为人工智能为企业特定行为的实现提供了有力支持。

本章在探讨人工智能可供性与人工智能能力、人工智能的技术特征之间的区别与联系时，结合已有文献从多个角度展开了分析（见表 3-3）。第一，人工智能可供性强调主体与技术的动态互动，而且会受到技术功能特征和主体因素的影响。人工智能可供性是一个主观与客观相结合的结果，它在不同的情境下有不同的表现，需要结合具体情境确定其维度。第二，人工智能能力指的是企业能够充分利用和掌握人工智能特定资源的能力，侧重于主观上对人工智能知识和技能的掌握。不同情境下，同一技术采用者的人工智能能力可能没有显著区别。第三，人工智能的技术特征描述的是客观维度上技术对象的属性和限制，不同情境下的技术特征保持不变。根据 Zammuto 等（2007）的研究观点，技术采用者的特征和组织能力会对技术可供性产生重要影响。Mikalef 和 Gupta（2021）定义了人工智能能力，而 Sandra 等（2016）描述了人工智能的技术特征。Chatterjee 等（2020）提出了人工智能能力和可供性之间的一对多关系，即一个能力可以对应多个可供性的实现。结合已有研究的观点可以看出，企业在采用人工智能时不仅需要考虑自身的特征和能力，也要理解人工智能的功能特征。在不同情景下，企业的人工智能能力可能没有明显差异，但技术特征和可供性的表现会根据具体目标和情景而有所不同。

表 3-3　人工智能可供性与人工智能能力、人工智能的技术特征的比较分析

比较方面	人工智能可供性	人工智能能力	人工智能的技术特征
侧重点	运用专业技能与技术之间的动态互动演化过程	个体的认知与操作能力	对技术实体的特性、作用范围及局限性进行中立性的阐述
情境因素	在不同的应用背景下，采用相同技术的使用者的可供性表现会有明显的差异	在各种不同的环境条件下，运用相同技术的个体在人工智能方面的效能没有明显的差异	在各种不同情境中，技术特征表现出的属性没有明显的差异
目标导向	以目标为导向，根据具体情境和目标确定具体的方面	不以目标为导向，维度的选择是固定的	不以目标为导向，视角或维度的选择是固定的

人工智能在信息处理阶段具有重要作用，其通过一阶可供性逐步实现了二阶可供性，为数字流程创新和数字服务创新提供了有力支持。Trocin 等（2021）对数字流程和数字服务创新问题进行探究，分析了人工智能对二者的影响。该研究区分了两个不同层次的可供性：一阶可供性和二阶可供性。其中，一阶可供性涉及人工智能的核心功能和特性，而二阶可供性则关注人工智能的功能和特性如何促进或制约更高层次的创新。企业可借助一阶可供性的实现，如通过实施 A/B 测试优化用户体验，收集并分析用户在线行为数据，以洞察其偏好，运用人工智能算法对用户反馈进行细致分类。在个性化在线信息推荐方面，一阶可供性涉及对信息内容的智能排序，根据用户历史行为设定个性化的过滤标准，动态调整推荐算法以适应

用户兴趣的变化等。同时可以利用一阶可供性创建高效的知识问答系统和详细的知识库，运用自然语言处理技术帮助人们解析复杂的查询问题，实施快速响应机制以优化用户体验。在提高信息收集能力方面，一阶可供性涵盖自动化数据抓取工具的开发、多样化信息收集渠道的设定、数据清洗与整合流程的实施，有利于确保信息质量的提升。

为了更好地理解和测量创新情境下的人工智能可供性，本章参考了 Issa 等（2022）的研究。Issa 等认为人工智能驱动创新的特征包括自主性、互动性与发展性，这些特征不仅为企业创新提供了支持，还为提升绩效提供了新视角。

本章融合可供性的动态和互动思想，为人工智能可供性设置三个维度，分别是移动可供性、交互可供性与自主可供性。这种分类方式相较于 Trocin 等（2021）对人工智能可供性维度的分类，更能体现出人工智能在创新中的技术性优势，并且维度是可测量的，适合进行大样本检验。

第一，移动可供性是指人工智能为企业系统地处理数据密集型问题，从而完成任务所提供的潜在能力。根据 Pavlou 和 ElSawy 2011 年的研究，可以将移动可供性这一核心特点归纳为感知、学习、协调和整合四个方面。得益于这些特点，半自动或全自动机器人凭借其灵活性的特点能够适应各种环境，并以类似人类的方式执行任务。在实际应用过程中，机器人通过持续学习的方式优化数据和算法，从而提高输出结果的质量和精确度。此外，移动可供性还赋予企业在动态环境中处理大量信息的能力，有利于及时发现潜在的机会和风险，一定程度上促进企业内部信息的流动和共享，提升整体协作效能。在处理复杂信息任务时，人工智能的移动可供性表现尤为突出，其可为企业提供强大的数据处理和分析能力。

第二，交互可供性是指用户与机器、用户与用户、用户与信息之间进行互动的能力。交互可供性作为人工智能的高级技术特性，其交互性在数字化和先进技术演进中占据重要的地位。人工智能可以通过传感器和微型马达实现多样化信息的采集与整合，赋予机器类似人类的感知能力，其强大的交互性使企业能够获得与用户实时交流和互动的能力，为企业提供加强用户体验和沟通的新途径。

第三，自主可供性的概念是从心理学领域扩展到工作领域，并融入创新能力和特性之中。这一概念在心理学中描述的是个人的独立人格特质，而在工作领域涉及完成相关工作任务的自由度。在信息系统领域，自主可供性是指机器能够在没有人干预或很少有人干预的情况下，根据环境变化自主调整自身的行为。人工智能的运用极大地促进了自主可供性的发展，人工智能通过机器学习和自然语言处理技术能够设计出自我学习和执行任务的系统，为理解人类语言、处理大量数据和信息提供极大便利。可见，自主可供性能够帮助企业挖掘数据的潜在价值，进而提高产品研发及创新的效率，激发新的商业模式和创新。

总的来看，人工智能可供性正在对企业的运营模式进行重塑，不仅强化了企业的竞争优势，同时也促进了市场透明度的提升（Trocin 等，2021）。第一，人工智能通过其透明化的数据处理方式，赢得了在线用户的信赖，使用户感受到其个人信息以更加公平、透明的方式被收集与分析，从而极大地提升用户对自动化服务流程的接纳度，在企业与用户之间建立了良性互动关系。第二，人工智能作为沟通桥梁，极大地提升了企业内部关键技术人员与外部利益相关者（如用户、供应商）之间的沟通效率与质量。人工智能工具的引入使信息传递更加迅捷、准确，促进了信息的无缝对接，为企业的创新和高效决策提供了强有力的支持。同时，人工智能的创新力也体现在其解锁了新的数据分析维度，使数据分析的每一步骤都透明且可追溯，使技术使用者能够清晰地洞察数据分析的全貌，增强了数据分析的公信力。第三，在促进决策公正性方面，人工智能的应用可以辅助企业构建公正的决策机制，确保不同用户群体能够享有平等的机会与待遇，为企业赢得良好的市场口碑。第四，人工智能的广泛应用使企业能够深入分析用户群体的广泛数据，不仅增强了企业为特定用户群体提供定制化在线服务与解决方案的能力，还帮助企业更好地了解用户偏好与兴趣模式，精准捕捉市场供需缺口，从而引领创新、驱动增长，不断开拓新的市场空间。

（三）企业创新绩效的相关研究

企业创新绩效的定义因视角不同而有所差异，但表现的都是创新结果及其对企业整体绩效的影响。也有学者研究的是不同类型创新的绩效评价，从而更全面地理解创新对企业的影响。

从狭义视角上看，部分学者认为创新绩效是企业产出的一种结果，企业可以通过发明创造将产品或服务成功推向市场并取得成功。如 Hagedoorn 和 Cloodt（2003）在研究中所述，创新绩效的评估可通过分析企业创新产品在市场中的销量来进行；Wang 和 Ahmed（2004）认为，创新绩效可以基于创新成果的数量进行评估；Chiva（2013）强调，创新绩效反映的是创新系统资源投入后业绩的提升。上述研究都关注创新的结果。

从广义视角上看，创新绩效的界定更为全面，不仅涵盖创新的产出结果，也涵盖创新过程。广义视角下的创新绩效应该体现为从创意产生到产品制造的整体流程。Ernst（2001）提出，创新绩效应当涵盖从创意萌发到产品制造，直至最终投放市场的整个新产品开发流程中的所有成果。Ari 等（2005）在研究中提出，创新绩效主要体现为企业在产品流程上的创新及其带来的业绩提升。Goodale 等（2011）强调，创新绩效反映了企业在追求产品市场或技术创新目标过程中取得的成就，凸显了创新绩效的全面性，即不仅要关注创新的最终成果，也要关注创新过程中的各种活动及成效。

此外，部分学者还从各自角度对创新绩效进行了分类和评价。He 和 Wong（2004）根据创新程度和影响，对企业的创新绩效进行了划分。而 Gemünden 等（1996）则从产品创新和工艺创新两个维度评估创新绩效。张利飞等（2021）将企业创新绩效划分为产品创新绩效和技术创新绩效，并用新产品销售收入和专利申请量衡量指标。陈岩等（2020）结合数字化时代特征提出了一个更全面的创新绩效框架。

四、人工智能采用程度的驱动因素研究

（一）模型构建

在梳理了关于人工智能采用程度前因变量的相关研究后，本章阐述

了人工智能采用程度所需的基础设施，分析了企业通过采用人工智能获得相对于竞争对手的优势，了解了企业在人工智能领域的技术知识和专业能力，对政府提供的政策、资金或其他形式的援助，以及企业高层管理人员对人工智能的重视和支持等内容展开探讨，按照技术因素、组织因素和环境因素进行分类，使用 TOE 框架进行整合。

1. 基础设施与人工智能采用程度

企业的创新能力和人工智能的采用对基础设施的建设具有极强的依赖性，只有具备完善的基础设施，企业才能利用人工智能持续提升自身的创新能力。基础设施是企业实现人工智能的基础，先进的人工智能和基础设施是推动企业采用人工智能的关键因素。基础设施的先进性对于企业的技术布局和创新实践至关重要。在信息技术创新方面，企业现有的互补资源和技术设施决定了其接受新信息技术的能力，这一点在信息系统领域得到了广泛的认同。Zhu 等（2003）的研究强调了基础设施对人工智能应用和企业创新的重要性，指出如果企业没有合适的基础设施，人工智能驱动的创新将难以实现且难以发挥其创造潜力。

2. 相对优势与人工智能采用程度

企业在考虑采用新技术时往往会被能够提供更高预期回报的技术吸引，这一行为特征得到了 Lee 等（2004）、Pillai 与 Sivathanu（2020b）的研究的证实，尤其是在人工智能方面。人工智能的应用不仅在战略层面为企业提供了显著的价值，还在销售收入增长、市场份额扩大、新商业领域开拓等方面发挥了一定的作用。Keding 和 Meissner（2021）的研究揭示了人工智能在这些领域的潜力，而且认为人工智能的发展会受到多种因素的影响。在此过程中，企业采用人工智能预期带来的创新绩效作为相对优势，能够极大地激发出企业投身人工智能技术运用的积极性。根据 Oliviera 等（2014）和 Nam 等（2021）的研究，当企业认为人工智能能够带来超过现有水平的收益时，企业会积极地采用人工智能。

3. 高层管理人员的支持与人工智能采用程度

企业高层管理人员的支持对人工智能的采用至关重要，管理层的支持是促进人工智能应用的主要动力之一，这一观点得到了 Baabdullah 等

（2021）的支持。Nguyen 等（2022）也认为高层管理人员的支持是采用人工智能最有力的影响因素之一。企业中的高层管理人员是决定是否采用人工智能进行创新的最终决策者。高层管理人员的支持在人工智能采用程度中的关键作用主要体现在三个方面：第一，能够提供对采用人工智能的坚定承诺和清晰愿景，并制订相应的采用计划；第二，能够积极参与并监督人工智能的实际应用过程；第三，能够明确设定采用人工智能的具体目标和评估标准。因此，在企业采用人工智能的过程中，只有确保高层管理人员稳定和持续的支持，才能确保相关决策和计划的有效执行。

4. 专业知识与人工智能采用程度

员工的专业知识对于人工智能采用程度同样至关重要。部分企业在制订和评估人工智能解决方案方面的知识和技能相对不足，这一问题是影响人工智能采用的主要障碍之一。Alsheiabni 等（2019）的研究发现，专业知识不足这一因素影响人工智能采用的占比达到了 33.8%；Jöhnk 等（2021）指出知识和文化对人工智能采用的重要性；Bag 等（2021）发现劳动力知识水平对人工智能分析产生显著的正面影响。这些研究结果与早先的研究一致，都表明专业知识在企业采用人工智能过程中的重要性。由此可见，专业知识的掌握不仅是企业采用人工智能的核心动力，也是推动企业技术升级和应用新技术的关键因素。

5. 竞争压力与人工智能采用程度

在当今激烈的市场竞争中，企业为了保持竞争优势需要不断寻求技术的创新发展，需要充分了解技术进步情况和竞争对手的技术动态。根据 You 和 To（2019）的研究，竞争压力是激励企业保持技术领先地位的关键因素，特别是在人工智能的采用上。Nguyen 等（2022）的研究表明，企业采用人工智能不仅可以优化产品和服务，还能完善竞争策略，从而在市场中重塑竞争格局。此外，一旦企业通过采用人工智能获得了竞争优势，其他竞争者可能会跟随其后，考虑采用相似的技术来维持自身的竞争力，这一观点同样得到了 Oliviera 等（2014）和 Nam 等（2021）的研究支持。

6. 政府支持与人工智能采用程度

政府支持对于企业采用人工智能同样重要。Wang 等（2022）的研究表明，政府支持不仅促进了企业技术创新，而且对于推动人工智能的商业化进程具有显著影响。而缺乏政府的监管和支持也会显著阻碍企业采用人工智能，这一观点与 Pumplun 等（2019）、Bedué 和 Fritzsche（2022）的研究成果相吻合。为了应对企业采用人工智能时面临的挑战，政府应出台一系列支持性政策，不仅能够帮助企业解决问题，还能引导资本流向采用人工智能的企业，激发企业创新的动力。此外，政府对人工智能研发和商业化的支持也传递出对研发投入的高度重视，这一信号能够被投资者迅速捕捉，进而促进资本向这些领域流动。因此，可以认为政府支持是推动企业采用人工智能进行创新的核心力量，体现了政府在促进技术进步和创新发展方面的关键作用。

7. 研究模型

TOE 框架作为组织层面分析影响技术采用因素的一种研究模型，强调技术、组织和环境三个维度的六个关键因素对人工智能采用程度的影响，这些因素包括基础设施、相对优势、高层管理人员的支持、专业知识、竞争压力和政府支持。各因素之间相互作用，共同决定着人工智能的采用程度。在企业的发展过程中，高层管理者需要在竞争、客户需求、供应链和政府政策等力量的共同作用下支持和采用人工智能。同时，高层管理者在决定是否采用人工智能时需要考虑一系列技术性问题，例如，如何提升员工的专业知识以提高企业应对人工智能挑战的能力；如何利用数字基础设施提高人工智能应用的预期收益。这些技术问题不仅为高层决策提供了依据，也是企业面临外部压力和采用人工智能的基础条件。TOE 框架对于理解人工智能采用程度的前因条件至关重要，技术因素、组织因素和环境因素共同构成了人工智能成功采用的基础框架，如图 3-2 所示。

图 3-2 TOE 框架

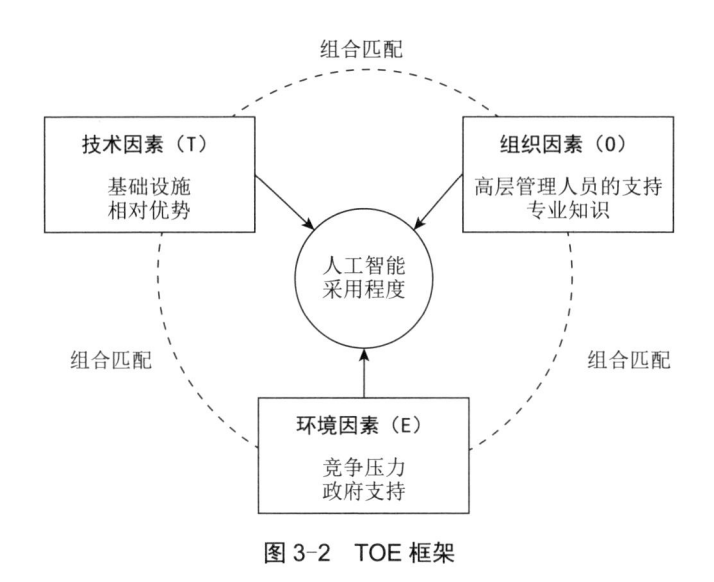

（二）研究方法与实施

1. 研究方法

人工智能的采用程度受到多种因素的影响。为了揭示哪些因素以何种方式共同作用，我们采用组态理论进行研究。组态理论是一种专注于因素相互作用的分析方法，其通过比较不同案例能够识别出哪些组态促使企业采用人工智能，以及哪些组态导致企业不采用或很少采用人工智能。组态理论分析的关键驱动因素包括基础设施、相对优势、高层管理人员的支持、专业知识、竞争压力和政府支持等。为了进一步对问题进行分析，本研究采用 QCA（定性比较分析）作为研究方法之一。这种研究方法既可以从理论出发选择研究变量，也可以从案例中归纳关键因素。QCA 可以快速检验假设并发现新的理论观点。本研究使用 fsQCA 方法来探究基础设施、相对优势等六个因素如何相互作用，如何共同影响企业人工智能的采用程度，以理解在创新中采用人工智能的企业面临的重要条件。

2. 变量测量

主要变量为基础设施、相对优势、高层管理人员的支持、专业知识、竞争压力、政府支持和人工智能采用程度。研究以李克特量表为依据，结合具体情况，对相应的内容进行打分（从 1="完全不符合"到 7="完全符合"）。

（1）人工智能采用程度的测量

本研究在题项设置和评分机制上参考了 Lee 等（2022）的研究成果，采用了一种评分系统来衡量人工智能的采用程度。在该系统中，每个题项的得分范围为 1～7，分别代表不同的采用水平。

1：不采用人工智能。

2：处于测试阶段。

3：采用人工智能的程度为 0～5%。

4：采用人工智能的程度为 6%～25%。

5：采用人工智能的程度为 26%～50%。

6：采用人工智能的程度为 51%～75%。

7：采用人工智能的程度为 75% 以上。

通过对表 3-4 这三个题项进行评分，可以计算出人工智能采用程度变量的总分，从而对企业采用人工智能的程度进行量化评估。

表 3-4　人工智能采用程度测量题项

变量	测量题项	来源
人工智能采用程度	AA1：企业在多大比例的创新活动中采用了自然语言处理技术，如语音识别技术和聊天机器人技术中自然语言处理技术的占比	Lee 等（2022）
人工智能采用程度	AA2：企业在多大比例的创新活动中采用了计算机视觉技术，如图像标注和图像识别技术的占比	Lee 等（2022）
	AA3：企业在多大比例的创新活动中采用了机器学习技术，如推荐系统和预测分析技术的占比	

（2）基础设施的测量

在研讨企业基础设施的多维度评估框架时，学者们采用多元化的创新方法量化和理解这一复杂议题。Zhu（2004）开创性地提出量化评估方法，其重心聚焦企业技术或组件的实际存量，通过精细的统计数据，包括个人计算机、局域网、网络节点等关键技术的部署规模，构建了以物质资源累积为基础的客观评估模型。与 Zhu 不同，Lin 等（2008）采用综合的问卷调查量表对基础设施进行评估，该量表全面覆盖信息技术组件、关键应用程序、数据库系统等核心领域，通过主观感知与反馈全面捕捉企业基础设施的作用，扩大了评估的维度，提高了评估结果的灵活性。Baabdullah 等（2021）在 Lin 等研究的基础上对该量表进行了完善，特别是在中小企业 B2B 人工智能应用的背景下验证了该问卷量表的实用性，为特定行业与规模的企业提供了更契合实际的评估工具。而池毛毛等（2022）的研究则聚焦企业应用技术水平的角度，将硬件与软件系统作为直接衡量指标，直观地反映了企业的技术基础实力，揭示了企业在技术整合与应用方面的实际成效，为评估企业基础设施的效能与潜力提供了新的视角。Islam 等（2015）从员工与技术的互动和使用角度构建量表，用于评估技术基础设施。这些方法从不同的角度提供了企业基础设施的衡量方式。本章以 Lin 等（2008）开发的基础设施量表为依据，参考 Baabdullah 等（2021）对该量表的改编内容，结合对企业的实际调查访谈，形成了本研究的量表，如表 3-5 所示。

表 3-5　基础设施测量题项

变量	测量题项	来源
基础设施	INF1：企业拥有良好的人工智能基础设施，包括所有需要的信息技术组件	Lin 等（2008）；Baabdullah 等（2021）
	INF2：企业拥有包含不同功能的集成 Web 应用程序	
	INF3：企业各种应用程序的数据库是共享的，而不是为每个应用程序单独建立一个数据库	

（3）相对优势的测量

相对优势是衡量创新或新做法相较原有做法有哪种优势的一个概念。相对优势自 1983 年被提出以来，其测量方法不断得到改进。由于相对优势的评估需要结合具体技术，因此不同的技术创新有不同的相对优势测量量表。如 Premkumar 和 Roberts 在 1999 年针对新型信息技术开发了一个包含四项题目的量表，从沟通效率、节约运营成本、创造商业机会和完善决策四个维度进行测量。该量表在技术采用动机的研究中应用十分广泛。在云计算领域，Oliveira 等在 2014 年提出了一个五题项的量表，而 Puklavec 等在 2018 年围绕商业智能系统开发了另一个五题项的量表。Pillai 和 Sivathanu 在 2020 年结合前人的研究，针对企业采用人工智能获取人才这一技术应用场景，开发了一个五维度的相对优势测量量表。上述研究允许研究者根据具体的技术和研究方向设计量表，以更精确地评估技术创新的潜在优势，本文设计的相对优势测量题项如表 3-6 所示。

表 3-6 相对优势测量题项

变量	测量题项	来源
相对优势	RA1：企业采用人工智能降低成本	Premkumar 和 Roberts（1999）；Pillai 和 Sivathanu（2020）
	RA2：企业采用人工智能帮助实施正确决策和合理行动	
	RA3：企业采用人工智能提升创新和决策的质量	
	RA4：企业采用人工智能创造机遇	
	RA5：企业采用人工智能提升生产力	

（4）高层管理人员支持的测量

在研究人们接受创新技术的过程中，学者们通常会单独将高层管理人员的支持作为一个维度来进行量化评估。如 Alam 等在 2016 年开发了一个包含三个问题的量表来评估高层管理人员的支持；而 Oliveira 及其团队在 2014 年针对云计算领域也开发了一个包含三个问题的量表；在信息系统领域，Premkumar 和 Roberts 于 1999 年使用了包含四个问题的量表；Alaskar 等在 2020 年针对大数据支持开发了一个三题项的量表。本章参考了 Alam 等（2016）的研究，使用他们开发的量表来量化高层管理人员的支持，该量表包含表 3-7 中的三个问题。

表 3-7 高层管理人员的支持测量题项

变量	测量题项	来源
高层管理人员的支持	TMS1：高层管理人员为创新中采用人工智能提供支持	Alam 等（2016）
	TMS2：高层管理人员为创新中采用人工智能提供资金	
	TMS3：高层管理人员了解创新中采用人工智能的好处	

（5）专业知识的测量

在量化专业知识的方法上，研究者区分了客观和主观两种评价。Premkumar 和 Roberts 于 1999 年通过从业年数评估了个体 IT 领域专业知识。Baabdullah 等在 2021 年开发了一个包含三个问题的量表，用于主观测量人工智能领域的专业知识。本研究参考了 Lin 在 2008 年的研究，将专业知识定义为企业员工应用人工智能的相关知识、技能和经验，并采纳 Baabdullah 等在 2021 年开发的量表来评估专业知识，如表 3-8 所示。研究者需要根据技术领域和研究目标选择合适的测量工具，以更准确地评估企业员工在特定技术领域的知识水平，从而深入理解技术应用的相关机制和影响因素。

表 3-8 专业知识测量题项

变量	测量题项	来源
专业知识	PE1：企业 IT/IS（信息系统和信息技术）员工普遍了解人工智能在创新中的作用	Premkurmar 和 Roberts（1999）；Baabdullah 等（2021）；Lin（2008）
	PE2：企业雇用高度专业或知识渊博的人员从事创新中的人工智能实践	
	PE3：IT/IS 员工在采用人工智能进行创新方面训练有素	

（6）竞争压力的测量

研究者开发了不同的量表来解释竞争压力这一概念。Premkumar 和 Ramaurthy 在 1995 年提出了一个包含两个题项的量表来评价竞争压力，这一量表在 1999 年被 Premkumar 和 Roberts 采用。Alaskar 等在 2020 年提出了一个包含三个题项的大数据分析竞争压力量表，而 Oliveira 等在 2014 年则开发了一个针对云计算的三个题项的竞争压力量表。本研究结合 Oliveira 和 Martins 在 2010 年的研究，将竞争压力定义为企业因受到整个行业激烈竞争的影响而感受到采用新技术的压力，采用 Alam 等在 2016 年开发的量表来测量竞争压力，该量表包含三个题项，如表 3-9 所示。

表 3-9 竞争压力测量题项

变量	测量题项	来源
竞争压力	CP1：因竞争者已采用人工智能，企业面临采用人工智能的压力	Alam 等（2016）
	CP2：行业人工智能实践推动企业积极创新	
	CP3：企业关注竞争对手在创新活动中采用了人工智能	

（7）政府支持的测量

针对政府支持程度的量化研究，学术界普遍采纳两种互补性的测量方法。第一，构建综合性指标体系，通过构建精心设计的、包含多变量的赋值体系，实现对政府在多个维度上支持力度的量化评估，能够全面且系统地体现政府支持的复杂性和多面性。第二，采用问卷调查法收集主观感知数据，直接从受助主体（如企业）获取对政府支持的主观评价。在这一方面，Li 与 Atuahene-Gima（2001）在探讨企业产品创新背景下的政府支持时开发了包含四个核心题项的量表，以其出色的信度和效度成为该领域的标杆工具。该量表通过精练而富有洞察力的题项设计，有效地捕捉了企业对政府支持的主观感受和评估。本研究在借鉴 Li 与 Atuahene-Gima（2001）量表核心思想的基础上，进行了一些调整与创新，既保留了原量表中的精髓，又融入了与人工智能紧密相关的具体内容，能够精确地衡量政府在推动人工智能发展方面的支持力度，如表 3-10 所示。

表 3-10 政府支持测量题项

变量	测量题项	来源
政府支持	GS1：政府及其机构对企业在创新中采用人工智能实施了有利的政策和计划	Li 和 Atuahene-Gima（2001）
	GS2：政府及其机构向企业提供了所需的技术信息和技术支持	
	GS3：政府及其机构为企业提供了财政支持	
	GS4：政府及其机构帮助企业获取先进技术、制造设施和其他必要设施	

3. 问卷设计与数据收集

（1）样本选择

我国的人工智能行业正以高于全球平均水平的速度快速发展，这得益于国内强大的发展潜力和完善的基础设施。为了探究企业采用人工智能的深层次原因，本研究以区分企业采用人工智能程度的差异为目的进行样本选择，主要关注企业采用人工智能的动机和阻碍，研究未限定特定行业，以确保结果的准确性。根据《中国新一代人工智能科技产业区域竞争力评价指数（2021）》，我国各省、自治区、直辖市的人工智能科技产业竞争力被分为三个层次。基于此，本研究在每个层次中均选择了具有代表性的省份或直辖市进行调研，具体包括第一梯度的北京市、广东省和山东省，第二梯度的辽宁省、安徽省和天津市，以及第三梯度的吉林省、黑龙江省和河南省。

（2）问卷设计结构

问卷简述了调研团队及研究目的，承诺保护被调研者的隐私。收集内容包括高层管理者的信息，如性别、年龄、职位，以及企业成立时间、行业类别、企业类型和规模等信息。为了准确评估企业在人工智能应用方面的状况，问卷基于成熟量表设计问题，用于测量人工智能采用程度、基础设施状况、竞争优势、高层管理人员的支持、专业技能、竞争压力和政府支持等变量。调查问卷为受访者提供了一个反馈渠道，以便受访者能够提出意见和建议。通过设计调查问卷，希望能够全面了解我国企业在人工智能技术采用方面的整体状况，为政府政策的制定和企业的决策提供参考。

（3）问卷设计过程

在问卷设计过程中，为了确保量表的中英文版本准确无误，邀请了四位专家和博士生进行翻译和修正，通过多次回译对比确保量表准确。同时与六位企业家进行了半结构化访谈，收集了关于实际应用的反馈，通过这些反馈对问卷内容进行了进一步的优化。为了确保量表的信度和效度，预调研收集了86份问卷数据进行检验，最终确定了量表内容。在量表内容确定后进行了大规模的调研，以收集来自不同背景和环境的广泛数据。上述处理过程确保了问卷设计的科学性和有效性，为研究提供了可靠的数据支持。

（4）预调研

在正式进行市场调研之前，研究人员利用吉林大学、哈尔滨工程大学等高校的 MBA 学员资源，通过 MBA 学员的推荐，对86家企业的高层管理人员进行了预调研。预调研的目的是对问卷中的量表题项进行修订和完善，以确保问卷的可靠性和有效性。信度和效度检验结果显示，各变量的 Cronbach's α 系数均超过了 0.7，且删除题项后系数并未降低，表明问卷具有良好的内部一致性。同时，各项与总分的相关性（CITC）大多超过了 0.5，KMO 值均超过了 0.7，Bartlett's 球形检验结果也是显著的，说明问卷具有良好的结构效度，如表3-11 所示。基于这些检验结果，研究认为问卷设计是成功的，并准备进行正式的市场调研。

表 3-11 预调研量表信度分析

变量	题项	CITC	删除题项后的 Cronbach's α	Cronbach's α
人工智能采用程度	AA1	0.659	0.796	0.826
	AA2	0.783	0.712	
	AA3	0.598	0.798	
基础设施	I1	0.699	0.512	0.796
	I2	0.533	0.648	
	I3	0.509	0.716	

续表

变量	题项	CITC	删除题项后的Cronbach's α	Cronbach's α
相对优势	RA1	0.668	0.798	0.873
	RA2	0.685	0.762	
	RA3	0.813	0.849	
	RA4	0.605	0.852	
	RA5	0.779	0.795	
高层管理人员的支持	TMS1	0.812	0.786	0.872
	TMS2	0.716	0.725	
	TMS3	0.789	0.693	
专业知识	PE1	0.592	0.613	0.839
	PE2	0.677	0.685	
	PE3	0.723	0.713	
竞争压力	CP1	0.769	0.695	0.847
	CP2	0.658	0.795	
	CP3	0.693	0.722	
政府支持	GS1	0.598	0.769	0.862
	GS2	0.692	0.741	
	GS3	0.733	0.709	
	GS4	0.758	0.712	

（5）正式调研

为了广泛覆盖目标群体，正式调研采取了多种方式进行问卷分发，包括在实地调研和企业访问中直接发放问卷、通过电子邮件联系发放问卷、借助微信社交网络分享来发放问卷，以及委托专业的在线调查平台Credamo见数和问卷星等发放问卷。本次调研共发出298份问卷，成功收回了205份有效问卷，有效率为68.79%，满足了fsQCA方法对样本数量的要求。

4. 描述性统计分析

（1）受访者个人信息

男性受访者共 119 人，约占总人数的 58%；女性受访者共 86 人，约占总人数的 42%，如表 3-12 所示。

表 3-12　受访者性别信息

性别	频数	百分比 /%	累计百分比 /%
男	119	58	58
女	86	42	100
总计	205	100	100

在受访者年龄方面，30 岁及以下共 19 人，占比约为 9.3%；31～40 岁共 69 人，占比约为 33.7%；41～50 岁共 84 人，占比约为 40.9%；51 岁及以上共 33 人，占比约为 16.1%，如表 3-13 所示。

表 3-13　受访者年龄信息

年龄	频数	百分比 /%	累计百分比 /%
30 岁及以下	19	9.3	9.3
31～40 岁	69	33.7	43
41～50 岁	84	40.9	83.9
51 岁及以上	33	16.1	100
总计	205	100	100

在受访者职位方面，CEO 共有 9 人，占比约为 4.4%；董事共有 19 人，占比约为 9.3%；总监共有 29 人，占比约为 14.1%；经理共有 92 人，占比约为 44.9%；主管共有 56 人，占比约为 27.3%，如表 3-14 所示。

表 3-14 受访者职位信息

职位	频数	百分比 /%	累计百分比 /%
CEO	9	4.4	4.4
董事	19	9.3	13.7
总监	29	14.1	27.8
经理	92	44.9	72.7
主管	56	27.3	100
总计	205	100	100

（2）企业信息

在企业存续年限方面，不超过 9 年的企业有 49 家，占比约为 23.9%；10～19 年的企业有 108 家，占比约为 52.7%；20～29 年的企业有 36 家，占比约为 17.6%；至少 30 年的企业有 12 家，占比约为 5.8%，如表 3-15 所示。

表 3-15 企业存续年限信息

年限	频数	百分比 /%	累计百分比 /%
≤9 年	49	23.9	23.9
10～19 年	108	52.7	76.6
20～29 年	36	17.6	94.2
≥30 年	12	5.8	100
总计	205	100	100

在企业所属行业方面，属于高科技行业的企业共有 101 家，占比约为 49.3%；属于非高科技行业的企业共有 104 家，占比约为 50.7%，如表 3-16 所示。

表 3-16 企业所属行业信息

行业	频数	百分比 /%	累计百分比 /%
高科技行业	101	49.3	49.3
非高科技行业	104	50.7	100
总计	205	100	100

在企业性质方面，国有企业共有 62 家，占比约为 30.2%；非国有企业共有 143 家，占比约为 69.8%，如表 3-17 所示。

表 3-17 企业性质信息

性质	频数	百分比 /%	累计百分比 /%
国有企业	62	30.2	30.2
非国有企业	143	69.8	100
总计	205	100	100

在企业规模方面，41 家企业的员工数低于或等于 100 人，占比约为 20%；98 家企业的员工数为 101～499 人，占比约为 47.8%；32 家企业的员工数为 500～999 人，占比约为 15.6%；34 家企业的员工数大于或等于 1000 人，占比约为 16.6%，如表 3-18 所示。

表 3-18 企业规模信息

规模	频数	百分比 /%	累计百分比 /%
≤100 人	41	20	20
101～499 人	98	47.8	67.8
500～999 人	32	15.6	83.4
≥1000 人	34	16.6	100
总计	205	100	100

通过对人工智能采用程度、基础设施、相对优势等核心变量的描述性统计分析，我们发现企业在人工智能采用程度上的均值为 4.192，表明越来越多的企业开始在创新活动中采用人工智能。同时，各驱动因素的均值超过了 4，反映出企业在人工智能采用方面非常积极。这进一步说明从高层管理人员的支持到专业知识，再到竞争压力和政府支持，企业在人工智能采用程度问题上的态度普遍是积极的，如表 3-19 所示。

表 3-19 变量的描述性统计分析

变量	最小值	最大值	均值	标准差
人工智能采用程度	1	7	4.192	1.065
基础设施	1	7	4.986	0.982
相对优势	1.2	7	4.987	0.801
高层管理人员的支持	1	7	5.132	1.017
专业知识	1	7	4.869	1.002
竞争压力	1	7	5.131	1.089
政府支持	2.5	7	5.197	0.969

5. 信效度分析

在正式调查研究中使用 SPSS 23.0 和 Mplus 7.4 两种统计软件处理和分析数据。为了检验量表的可靠性，采用了多种指标，包括 CITC、删除题项后的 Cronbach's α 系数及各变量的 Cronbach's α 系数。为了验证量表的构念效度，使用了因子载荷衡量每个题项与相应构念的关联程度，并通过一因子至七因子拟合指标检验确定最合适的因子模型；研究人员还计算了平均提取方差值（AVE）指标，以获取每个构念的平均提取方差值，最后计算了组成信度（CR）指标，即所有构念的 Cronbach's α 系数的平均值，以评估量表的组成信度。根据信度分析的结果，所有题项的 CITC 值都超过了 0.5，而且所有变量的 Cronbach's α 系数都超过了 0.7。同时，在删除任何题项之后，量表的 Cronbach's α 系数并没有比原始大多数变量的 Cronbach's α 系数低。这些数据表明，样本数据具有较高的内部一致性，量表的信度非常好。本研究的效度分析中各题项的因子载荷均超过了 0.6，构念的 AVE 超过了 0.5，CR 也超过了 0.7，表明量表能够聚合相关的构念。而且，七因子模型在各项拟合指数上均符合标准，卡方和自由度（χ^2/df）小于 3，近似误差均方根（RMSEA）小于 0.08，CFI（比较拟合指数）和 TLI（Tucker-Lewis 指数）大于 0.9，标准化均方根残差（SRMR）小于 0.08，说明七因子模型对数据的拟合度更佳。综合这些分析结果，本研究的量表在信度和效度方面表现出色。

（三）数据处理与结果分析

1.变量校准

为了精确校准变量，本研究根据 Fiss（2011）和杜运周等（2020）的研究，采用了基于各变量均值的 75%、50% 和 25% 分位点的完全隶属、交叉点和完全不隶属对变量进行校准，并使用 fsQCA3.0 软件执行校准任务。将模糊集的数值范围设定为 0～1，1 表示完全隶属，0.5 表示模糊点，0 表示完全不隶属。上述操作使我们的研究在数据分析方面更加可靠和精确，如表 3-20 所示。

表 3-20 变量校准

条件与结果	目标集合	锚点 完全隶属	锚点 交叉点	锚点 完全不隶属
前因条件	基础设施	5.572	5.296	4.589
	相对优势	5.6	5.1	4.5
	高层管理人员的支持	6	5.299	4.776
	专业知识	5.593	5	4.587
	竞争压力	6	5.299	4.776
	政府支持	6	5.24	4.68
结果	人工智能采用程度	5	4.225	3.462

2.必要条件分析

在进行模糊集真值表程序分析之前需要对必要条件进行审查，检验基础设施、专业知识等条件变量是否构成人工智能采用程度的必要条件。必要性条件的审查标准是基于 Ragin（2008）研究确定的一致性超过 0.9。然而，研究结果表明所有条件变量的一致性都没有超过 0.9 的阈值，说明根据这个标准无法找到任何条件变量作为人工智能采用程度的必要条件，如表 3-21 所示。

表 3-21 必要条件分析

前因条件	高人工智能采用程度 一致性	高人工智能采用程度 覆盖率	非高人工智能采用程度 一致性	非高人工智能采用程度 覆盖率
基础设施	0.615	0.669	0.409	0.428
～基础设施	0.467	0.462	0.679	0.638
相对优势	0.695	0.679	0.428	0.414
～相对优势	0.419	0.425	0.658	0.668
高层管理人员的支持	0.719	0.713	0.416	0.405
～高层管理人员的支持	0.389	0.402	0.679	0.766
专业知识	0.675	0.652	0.472	0.428
～专业知识	0.411	0.429	0.619	0.649
竞争压力	0.628	0.629	0.468	0.449
～竞争压力	0.462	0.471	0.619	0.618
政府支持	0.649	0.686	0.412	0.418
～政府支持	0.446	0.448	0.711	0.671

注："～"表示非集。

3. 组态分析

为了深入探究多种条件组合的协同效应，识别各因素如何影响人工智能的采用程度，设定了高一致性阈值（0.8）和案例频数阈值（1），以确保分析结果的严谨、有效。将 PRI 的一致性阈值设为 0.65，以提高分析的稳健性，使用 fsQCA3.0 工具构建真值表，获得复杂解、简约解和中间解。通过对比识别出前因组态的核心与边缘条件，并得出了覆盖度和一致性指标。高人工智能采用程度的前因组态包括传统企业外部驱动型（C1）、数字企业压力驱动型（C2）和内外支持双重驱动型（C3）；抑制组态包括支持缺乏型（N1）、必要资源缺乏型（N2）、积极性缺乏型（N3）。上述两种情境的驱动机制不同，体现了因果关系的多样性和非对称性。

（1）高人工智能采用程度驱动机制的组态分析

在第一组组态中，高人工智能采用程度的三种不同结果分别对应三种特定的条件组态，即 C1、C2、C3，这些组态由核心条件和边缘条件组成，独特地定义了每种驱动类型。此外，这三种组态共同解释了高人工智能采用程度的 53.8%，并且它们在结果影响方面表现出较高的一致性，一致性指数为 0.809，如表 3-22 所示。这表明不同的驱动机制对于高人工智能采用程度有着显著的影响，并且这些机制的影响路径并不一致，每种机制都有其特定的影响路径和效果。

表 3-22 高、非高人工智能采用程度组态

条件组态	高人工智能采用程度							非高人工智能采用程度			
	C1	C2			C3		N1		N2	N3
		C2a	C2b	C2c	C3a	C3b	N1a	N1b		
基础设施	⊗	●	●	●		·	⊗		⊗	⊗
相对优势	●	·		⊗	●	●	⊗	⊗	⊗	⊗
高层管理人员的支持		●	●	●	●	●	⊗	⊗		⊗
专业知识	·		·	⊗	·		⊗		⊗	⊗
竞争压力	·	●	●			⊗	⊗		⊗	⊗
政府支持	●		·	⊗	●	●	⊗	⊗	⊗	
一致性	0.861	0.839	0.844	0.889	0.816	0.889	0.838	0.912	0.869	0.885
原始覆盖度	0.148	0.328	0.332	0.094	0.389	0.139	0.369	0.311	0.388	0.266
唯一覆盖度	0.019	0.033	0.032	0.035	0.035	0.019	0.057	0.052	0.069	0.021
解的一致性	0.809						0.812			
解的覆盖度	0.538						0.511			

以下对三种条件组态进行详细分析。

第一组组态研究表明，在传统企业外部驱动型（C1）中，即使基础设施不足，传统企业也可以通过感知的人工智能相对优势和政府的大力支

持，以及企业面对的竞争压力，提升员工的专业知识水平，从而达到高人工智能采用程度。政府的支持政策，如技术推广、补贴、产业规划和鼓励合作等，会帮助传统企业解决基础设施不足的问题，通过与技术领先机构合作、外包技术服务或加入专业园区等方式，获取人工智能所需的技术支持。这使传统企业能够专注于人工智能的应用开发，而不是基础研究，而且能够通过培养员工的专业技能提高其在创新活动中人工智能的应用频率。这一组态的一致性指数为 0.861，表明其内在一致性较高；而原始覆盖度为 0.148，唯一覆盖度为 0.019，说明其在实际样本中具有显著的解释力和独特性，如表 3-22 所示。

第二组组态的研究表明，当数字企业竞争压力较大时会采用人工智能来保持其市场地位。在数字企业压力驱动型（C2）中，企业通常拥有完善的基础设施和高层管理人员的支持，这些条件与竞争压力的共同作用推动了人工智能采用程度的提高。C2 组态又进一步细分为 C2a、C2b 和 C2c 三种子组态。在 C2a 中，领先型数字企业能够凭借其技术优势和专业知识较早地采用人工智能，有时甚至在没有政府支持的情况下也能实现人工智能采用目标。C2b 中的跟随型数字企业的人工智能采用则需要政府提供政策和资金支持，以便在竞争中保持自己的优势位置。而 C2c 中的尝试型数字企业，尽管面临人工智能与其现有创新活动不匹配或缺乏专业知识的外部帮助等情况，但竞争压力也迫使其不得不采用人工智能。这些组态的一致性指数、原始覆盖度和唯一覆盖度表明，它们在实际样本中同样具有较高的解释力和独特性。

第三组组态研究表明，数字企业在面对激烈竞争时会采用人工智能以维持其市场地位。内外支持双重驱动型（C3）企业因其相对优势、高层管理人员的支持和政府支持能够达到高人工智能采用程度。C3 组态进一步细分为 C3a、C3b 两种子组态。在 C3a 子组态中，由外而内型企业的高层管理者愿意积极发展和传播人工智能采用的专业知识，注重提升企业的人工智能经验和技能水平。而 C3b 子组态中的由内而外型企业则依靠其强大的资金和技术实力，通过自研、购买或引进等方式建立坚实的基础设施，为灵活采用人工智能提供基础支持。无论是内部驱动型企业还是外部推动型企业，都能从人工智能的采用中获得额外收益、节约成本，有助于企业的长远发展。

（2）非高人工智能采用程度驱动机制的组态分析

非高人工智能采用程度可分为支持缺乏型（N1）、必要资源缺乏型（N2）、积极性缺乏型（N3），其总体解的覆盖度为0.511，一致性为0.812。

N1组态企业缺乏相对优势、高层管理人员的支持和政府支持，是人工智能采用程度不高的关键原因。N1a子组态企业更缺乏专业知识、基础设施和竞争压力，面临全面挑战。同时，无论基础设施或竞争压力如何，N1a子组态企业均会因专业知识缺乏，无力也无意愿采用人工智能。N1b子组态企业虽具人工智能专业知识技能，但缺乏基础设施和外部支持，如竞争压力、政府支持等，亦不愿采用人工智能。两种子组态的指数数据显示，在缺乏必要支持和条件下，企业难以采用人工智能。

组态N2被称为必要资源缺乏型，该名称揭示了企业在采用人工智能时面临的核心障碍，即缺乏基础设施、相对优势和专业知识，以及作为辅助因素的政府支持，使企业在采用人工智能方面准备不充分。在缺少政府支持的情况下，如果企业认为人工智能不会带来更理想的收益，并且没有建立必要的基础设施或没有掌握必要的技能知识，即使高层管理者支持或市场竞争激烈，企业也可能不会采用人工智能。这种组态在实际数据中表现出较高的解释力和频率，但其独特性较低。

组态N3被称为积极性缺乏型，表明企业在人工智能采用方面的消极态度，具体表现为企业未将人工智能视为影响其发展的关键技术，并且未围绕人工智能做出任何努力。在组态N3中，企业缺乏采用人工智能所需的关键因素，包括相对优势、高层管理人员的支持和专业知识，同时基础设施和竞争压力作为辅助因素也有所缺失。即使政府提供支持且没有竞争压力，企业在缺乏数字基础设施、高层管理人员的支持或专业知识的情况下，也可能不会采用人工智能。组态N3在实际数据中具有较高的解释力和频率，但在样本中的独特性较低。

（3）高与非高人工智能采用程度的组态路径对比

在比较推动高人工智能采用程度与阻碍非高人工智能采用程度的不同路径时，研究表明两者之间并不存在直接的对立因果关系。那些促进高人工智能采用程度的因素并不一定是抑制非高人工智能采用程度的因素。这种因果关系的非对称性揭示了在人工智能采用的不同阶段影响因素的性质和作用可能会有所变化，这与传统的回归分析结论不同，传统回归分析通常假设原因和结果之间存在直接的对应关系，而在人工智能的不同采用程度层面，这种对应关系可能更加微妙和复杂。

4. 稳健性检验

本研究通过一系列的稳健性检验证明了组态分析结果的稳定性。首先，调整了校准阈值、一致性阈值、频率阈值和案例总数等参数，以检验组态分析结果是否受这些参数的影响。结果显示，即使是在这些参数发生变化的情况下，分析得到的组态在本质上也是相同的，其解释核心并未发生改变。具体来说，调整完全隶属、交叉点、完全不隶属的阈值后，辅助条件虽然发生了一些变化，但组态本身仍保持一致；一致性阈值的调整导致条件组态数量有所精简，但解释结果并未改变；频率阈值的变化同样未对条件组态分析的结果产生重大影响；即便是在随机删除了部分案例的情况下，组态结果依旧保持一致性，证明结果的稳定性不受样本变化的影响。这些结果共同表明，本研究的组态分析结果是稳健的，能够在不同参数设置和样本变化的情况下保持一致性和可靠性。

5. 讨论与发现

本章采用了 fsQCA 方法识别哪些因素组合能够促进或抑制人工智能的采用程度。研究结果表明，无论是促进还是抑制人工智能采用的组态，都显示出较高的一致性和覆盖度，意味着这些组态在数据中具有较高的解释力和普遍性。

（1）高层管理人员的支持对企业在创新中采用人工智能具有关键意义

在企业引入人工智能进行创新的过程中，高层管理人员的支持起到至关重要的作用。这种支持不仅体现在战略层面，还涉及对资源的合理分配和对执行过程的监督。采用 fsQCA 方法，发现高层管理人员的支持是影响人工智能采用程度组态的关键因素之一。高层管理人员作为企业的决策层负责把握市场动态、制订企业战略、配置资源，以确保企业运营的稳定性，这些职责使他们对人工智能的采用具有决定性的影响。如果没有高层管理人员的支持，企业在采用人工智能时可能遇到障碍，因为缺乏必要的资源和支持可能导致计划难以落实。高层管理人员的支持不局限于提供资源和监督，还包括对人工智能的认知和理解，以及制订明确的目标和指标，这些都是推动人工智能成功采用的关键因素。高层管理人员需要通过专业培训提升其对人工智能的理解，并建立相应的企业文化，以支持人工智能在企业创新中的引入和应用。企业需要从高层向下传递清晰的人工智能采用方向和目标，通过统一员工的认识和行动，确保整个组织围绕共同的目标努力。因此，高层管理人员应利用企业资源，制订人工智能技术推进方案，积极进行人工智能创新实践，确保方案的成功推进，为团队提供必要的协助与指导。

（2）重视政府支持和竞争压力等外部环境因素的影响

组态C1揭示了传统企业人工智能应用动力不足的问题源于内部，而且需要外部支持。政府应提供财政补贴、税收优惠等政策支持企业采用人工智能；同时应实施产业政策，优化数字化转型环境，增强人工智能应用的内在驱动力；政府还应促进数字服务商、高校与企业合作，激励企业采购数字化方案，由政府、行业和社会共同协作，构建公平竞争的环境，降低创新风险，加快技术研发。组态C2的研究结果显示数字企业在市场竞争的压力下，已经成为人工智能研发和应用的"排头兵"，这要求政府和社会各界共同努力为企业创新营造一个有利的竞争生态。在促进人工智能与实体经济深度融合的同时，进一步推动"产学研"合作，为传统企业人工智能的普及提供范本。

（3）企业具体情况不同，人工智能采用程度的驱动路径也不同

根据组态C1的结果，对于信息技术基础薄弱的传统企业来说，其在人工智能应用方面的积极性主要受制于两个关键因素：第一，它们在与竞争对手的比较中是否具备优势；第二，政府是否提供了必要的支持。这意味着企业不仅需要通过投资于信息技术基础设施的升级来满足人工智能的

要求，还需要主动寻求政府的帮助和支持。组态 C2 的结果显示，对于信息技术基础设施较为完善的数字企业来说，推动其采用人工智能的主要力量已经变为高层管理人员的支持和面临的市场竞争力。这表明在激烈的市场竞争环境下，数字企业需要迅速整合人工智能并持续创新，高层管理人员的战略决策和扶持是关键影响因素。组态 C3 的结果表明，企业采用人工智能的决策受到多种核心因素的影响，这些因素对于不同类型的企业都具有重要作用，主要包括在市场竞争中取得的优势、高层管理人员的支持及政府政策的支持，在这些因素的相互作用下，企业采用人工智能的积极性有所提升。

（4）包括预期创新绩效在内的相对优势

企业采用人工智能的决策深受预期创新绩效和相对优势的影响。当企业预见人工智能能够带来收益并提高其市场竞争力时，其更倾向于积极采用这项技术，这在高人工智能采用程度的情况下尤为明显，正如组态 C1、C2a、C3 所示。然而，如果企业未能看到这种相对优势，或者担心人工智能可能增加成本、带来风险，它们可能会限制或推迟采用人工智能，这在与非高人工智能采用程度相关的组态 N1、N2、N3 分析中得到了明显的体现。此外，企业采用人工智能的障碍可能包括技术创新过程的复杂性、信息技术基础设施的不足，或者缺乏必要的专业知识和技能。企业为了克服这些困难并利用人工智能创造价值，需要加强基础设施建设，提升员工的基本技能，通过自主研发、技术采购、合作伙伴关系或外包服务等方式来提高自身能力。

（5）技术、组织和环境等不同方面的前因条件之间协同配合，才能有效促进企业在创新中采用人工智能

在深入研究企业创新过程中人工智能采用程度的驱动因素时，打破了传统单一视角的局限性，转而从技术、组织与环境三个核心领域的前因条件出发，探究其协同作用机制。通过组态分析（C1、C2、C3），研究这些多维度因素如何交织成复杂网络，从而共同构建人工智能采用程度的多样化图景。在技术层面，完善的基础设施和人工智能的相对优势构成了必要的物质基础；在组织层面，高层管理人员的支持及团队深厚的专业知识

积累共同构成了推动企业采用人工智能的内部动力引擎；在环境层面，竞争压力与政府的积极支持作为外部催化剂，对人工智能采用的变革过程起到了加速或抑制的作用。尽管这些因素在以往的研究中已被单独验证与人工智能采用程度相关，但本研究运用 fsQCA 方法深入揭示了这些因素在复杂交互中如何共同作用于人工智能采用程度的内在机制，突破了传统回归分析在处理多维度因素交互效应时的局限，提供了对人工智能采用动因更为立体、全面的分析方法。为了推动人工智能在企业中的广泛应用，需要从技术、企业和环境三个层面共同努力：技术层面，需要技术主体加大研发力度，使人工智能的采用成为可能；企业层面，需要企业改变思维方式，积极学习和采用人工智能；环境层面，需要形成积极的支持环境，使企业敢于尝试和采用人工智能。

五、人工智能采用程度对企业创新绩效的作用机制实证分析

（一）数据收集

本部分基于分层随机抽样原则，采用统一的方法分阶段收集北京、辽宁、吉林等九省（直辖市）互联网、金融、制造及电信行业企业的样本数据。在发出的总计 578 份问卷中，经过严格筛选，排除填写不完整、存在明显规律性填写（如所有选项均选择同一分数）等无效问卷后，成功获得了 396 份高质量有效问卷，有效回收率达到 68.51%。

①在选定本研究调研对象时，经过审慎考量，对人工智能采用程度显著的行业进行锁定。依据 AICC2021 人工智能计算大会权威发布的《2021—2022 中国人工智能计算力发展评估报告》审慎地筛选出了互联网、金融、制造与电信四大核心领域，并将政府行业排除在外，以确保研究聚焦企业主体。互联网行业广泛覆盖了多元化的细分领域，包括数据行业等；金融领域涵盖多个子行业；制造业也涵盖了多个子行业；电信业则聚焦通信关键环节，从而确保全面且深入地剖析行业领域内的代表性企业在人工智能应用方面的实践与成效。

②在调研地域选择上，依据《中国新一代人工智能科技产业区域竞争力评价指数（2021）》和第五届世界智能大会闭幕式发布报告，选择位列人工智能科技产业区域竞争力第一梯度的北京市、广东省和山东省，第二梯度的辽宁省、安徽省和天津市，以及第三梯度的吉林省、黑龙江省和河南省。多元化的调研地域选择能够保障调研的全面性和代表性。

③在样本抽取策略选择方面，本研究严格遵循分层随机抽样的原则，以保障样本的随机性与代表性。在人工智能科技产业区域竞争力的不同梯度地区，针对互联网、金融、制造及电信等行业进行随机抽样，力求选取的样本能准确反映总样本的实际情况，保障研究结果的客观性。

④为保持与研究问题的高度一致，本研究采用多种策略来保证调研成果的全面性和准确性。第一，采取现场发放问卷的方式，直接从目标企业中获取一手数据并通过邮件、关系网络、前瞻产业研究院网站等，实现多元化数据获取渠道的广泛覆盖。第二，利用微信等社交媒体，借助社交网络扩大调研参与度和影响力，或委托专业在线问卷平台（如 Credamo 见数、问卷星），设置最低填写时间限制。特邀符合条件的企业高层管理者参与调查，使调研结果更具专业性和代表性。第三，积极与受访者保持沟通，以解决问题并了解需求，不断优化调研方法，从而为后续研究提供有力支持。

⑤采用两阶段时滞调查法，确保调研高效精准，周期设定为 2022 年 9 月至 2023 年 3 月，中间时间间隔 1 周至 1 个月。第一阶段：发送问卷邀请，收集企业概况、人工智能采用等基础数据。第二阶段：定位目标受访者，邀请其完成企业创新绩效问卷，分析企业采用人工智能后创新能力与绩效提升的关系。调研全程应严守保密原则，保障信息安全，维护受访者权益。

（二）数据分析

1. 样本特征

样本特征包含受访者特征与企业特征两类。

(1) 受访者特征

关于受访者性别分布情况，经统计，所有样本中，男性受访者共计238人，占比约为60.1%；女性受访者为158人，占比约为39.9%，如表3-23所示。

表 3-23 受访者性别信息

性别	频数	百分比 /%	累计百分比 /%
男	238	60.1	60.1
女	158	39.9	100
总计	396	100	100

对受访者的职位分布情况进行了详细统计，担任首席执行官（CEO）的受访者共8人，约占总受访人数的2.0%；担任董事的受访者共15人，占比约为3.8%；总监级别的受访者数量为55人，占比约为13.9%；经理级别的受访者数量最多，共210人，占比约为53.0%；主管级别的受访者共108人，占比约为27.3%，如表3-24所示。

表 3-24 受访者职位信息

职位	频数	百分比 /%	累计百分比 /%
CEO	8	2.0	2.0
董事	15	3.8	5.8
总监	55	13.9	19.7
经理	210	53.0	72.7
主管	108	27.3	100
总计	396	100	100

(2) 企业特征

在企业存续年限方面，统计数据显示：存续时间不超过9年的企业共计140家，占比约为35.4%；存续时间为10～19年的企业数量为154家，约占整体比例的38.9%；存续时间为20～29年的企业有68家，占比约为17.2%；而存续时间为30年及以上的企业则有34家，占比约为8.5%，如表3-25所示。

表 3-25　企业存续年限信息

年限	频数	百分比 /%	累计百分比 /%
≤9 年	140	35.4	35.4
10～19 年	154	38.9	74.3
20～29 年	68	17.2	91.5
≥30 年	34	8.5	100
总计	396	100	100

在企业性质层面的考察中，数据显示：国有企业共计 56 家，约占总数的 14.1%；非国有企业数量为 340 家，占比约为 85.9%，占据明显主导地位，如表 3-26 所示。

表 3-26　企业性质信息

行业	频数	百分比 /%	累计百分比 /%
国有企业	56	14.1	14.1
非国有企业	340	85.9	100
总计	396	100	100

在企业规模层面，统计数据显示：规模为 100 人及以下的企业共计 65 家，约占整体企业数量的 16.4%；规模为 101～499 人的企业有 187 家，占比约为 47.2%；500～999 人的企业数量为 98 家，占比约为 24.8%；规模至少为 1000 人的大型企业共有 46 家，占比约为 11.6%，如表 3-27 所示。

表 3-27　企业规模信息

规模	频数	百分比 /%	累计百分比 /%
≤100 人	65	16.4	16.4
101～499 人	187	47.2	63.6
500～999 人	98	24.8	88.4
≥1000 人	46	11.6	100
总计	396	100	100

在企业所属行业方面，数据显示：互联网企业共有138家，占比约为34.8%；金融业企业数量为32家，占比约为8.1%；制造业企业共有178家，占比约为44.9%；电信业企业共有48家，占比约为12.2%，如表3-28所示。

表3-28 企业所属行业信息

行业	频数	百分比/%	累计百分比/%
互联网	138	34.8	34.8
金融业	32	8.1	42.9
制造业	178	44.9	87.8
电信业	48	12.2	100
总计	396	100	100

2. 共同方法偏差检验

共同方法偏差作为潜在的研究干扰因素，可能来源于数据采集、评分、环境或项目特性的趋同性，可能导致预测变量与目标变量间关联的误导性增强。其成因主要归结于单一数据源、题目设计的特定倾向、内容偏见及测量环境一致性等因素（周浩和龙立荣，2004）。为有效缓解并检测出此类偏差，本研究采取严谨的防控与验证措施。在程序控制方面，采用分阶段数据收集策略，确保信息来源的多样性。同时，在问卷设计中严格遵守保密性原则，消除参与者的顾虑，鼓励其提供更为真实、客观的反馈；对问题的呈现顺序进行了精心调整，防止问卷设计导致共同方法偏差，从源头上降低风险。统计检验采用Harman单因素法，结果显示首个因子解释总方差比例为22.683%，远低于40%的临界值。数据证明本次调研未受共同方法偏差影响，验证了数据质量的可靠性，为后续分析提供了坚实的基础。

3. 信度和效度检验

（1）信度检验

通常将评估测验结果的可靠性、稳定性和一致性称为信度。在量化研究中，尤其是在使用量表展开测量时，信度检验尤为重要，可用于验证所使用量表的稳定性。常用的信度检验方法是计算 Cronbach's α 系数，该系数值被广泛用作量表信度的衡量标准。当 Cronbach's α 系数超过 0.7 时，可认为量表具有较好的信度。为全面评估量表信度，本书采用多元化检验方法，包括 CITC 和 Cronbach's α 系数。通过 SPSS 26.0 分析，得到以下结果。

人工智能采用强度量表 Cronbach's α 系数为 0.809，显示出较高的内部一致性。

在人工智能可供性检验中，移动可供性（0.812）、交互可供性（0.783）和自主可供性（0.840）量表均显示出良好的信度。

市场智能响应量表的 Cronbach's α 系数为 0.925，表现卓越。

企业创新绩效量表的 Cronbach's α 系数为 0.878，表现不俗。

数据质量量表的 Cronbach's α 系数为 0.941，表现良好。

在组织柔性评估中，资源柔性（0.831）和协调柔性（0.953）量表均显示出高信度。

（2）效度检验

讨论量表效度时应关注量表是否能够准确测量所研究的构件。效度检验确保的是量表的有效性，本研究采用成熟量表通过预调研和因子分析验证量表的内容和结构效度。为进一步量化评估量表的效度，开展验证性因子分析，获取各变量的因子载荷、CR、AVE 及模型的拟合优度指标。

第一是人工智能采用程度。其量表的因子载荷最小值为 0.704，高于 0.6 的阈值，表明测量条目与潜变量间有较强关联；CR 值为 0.811，超过 0.7 的标准，显示量表内部一致性良好；AVE 值为 0.590，超过 0.5 的阈值，而且平方根大于与其他变量的相关系数，表明量表具有良好的区分效度。

第二是人工智能可供性。其三个维度（移动可供性、交互可供性、自主可供性）的因子载荷均大于 0.6、CR 值均大于 0.7、AVE 值均大于 0.5，而且平方根值超越与其他变量的相关系数，充分验证了各维度量表均具备良好的效度。

第三是市场智能响应。其量表的因子载荷最小值为0.778，CR值为0.926，AVE值为0.677，均满足效度检验标准，表明量表有效。

第四是企业创新绩效。其量表的因子载荷、CR值和AVE值均符合效度检验的阈值，表明量表在测量企业创新绩效方面具有较高的效度。

第五是数据质量。其量表的因子载荷、CR值和AVE值均显示出在测量数据质量方面的有效性。

第六是组织柔性。其中，资源柔性和协调柔性两个维度的因子载荷、CR值和AVE值均满足效度检验要求，表明量表在测量组织柔性方面具有良好的效度。

此外，为验证变量间的区分效度，进行多因子模型比较。经过统计分析和验证，六因子模型在拟合指标上明显优于其他因子模型，证实了该模型在变量间区分效度方面的优越性。

4. 描述性统计分析与相关分析

本研究运用SPSS 26.0软件对样本数据进行描述性统计分析，提取变量均值与标准差，为后续研究打下基础。通过Pearson相关性分析，揭示各变量的内在联系，结果汇总于表3-29。分析结果表明，人工智能的三大核心维度之间高度相关且关联强度显著，与二阶因子结构特性一致。同时，关键变量之间存在显著的正向关联，直接证实了变量间的紧密关系，为后续假设检验奠定了基础。此外，调节变量也展现出与部分关键变量的正向关系，为调节效应假设提供支持，相关系数低于0.7，有效排除了多重共线性影响，确保了数据的可靠性。

表 3-29 描述性统计分析与相关分析结果

变量	均值	标准差	1	2	3	4	5	6
企业年龄	2.383	0.724						
企业规模	2.316	0.882	0.233**					
企业性质	0.141	0.349	0.300**	0.274**				
人工智能采用程度	4.542	1.012	0.083	0.062	−0.062	**0.768**		

续表

变量	均值	标准差	1	2	3	4	5	6
移动可供性	4.942	0.891	0.094	0.104*	−0.087	0.404**	**0.723**	
交互可供性	4.797	1.025	0.035	0.056	−0.012	0.383**	0.506**	**0.745**
自主可供性	4.579	1.092	0.001	0.066	−0.100*	0.323**	0.488**	0.465**
市场智能响应	5.129	1.135	0.158**	0.097	−0.041	0.314**	0.431**	0.387**
企业创新绩效	5.089	1.050	0.048	0.136**	−0.026	0.416**	0.458**	0.449**
数据质量	5.110	0.877	0.012	0.020	0.038	0.140**	0.223**	0.101*
资源柔性	5.180	0.993	0.054	0.046	0.021	0.117*	0.099*	0.182**
协调柔性	5.092	1.061	0.097	0.119*	−0.026	0.115*	0.125*	0.141**

变量	均值	标准差	7	8	9	10	11	12
自主可供性	4.579	1.092	**0.799**					
市场智能响应	5.129	1.135	0.377**	**0.823**				
企业创新绩效	5.089	1.050	0.437**	0.447**	**0.771**			
数据质量	5.110	0.877	0.192**	0.165**	0.133**	**0.757**		
资源柔性	5.180	0.993	0.116*	0.131*	0.023	0.025	**0.744**	
协调柔性	5.092	1.061	0.050	0.177**	0.092	0.065	0.410**	**0.878**

（三）假设汇总及检验

1. 假设汇总

本研究提出的10项核心假设及下属18项分假设如表3-30所示。

表 3-30 研究假设汇总

变量关系	假设编号	假设内容
人工智能采用程度与企业创新绩效	H1	人工智能采用程度对企业创新绩效具有正向影响
人工智能可供性的中介作用	H2	人工智能采用程度对人工智能可供性具有正向影响
	H2a	人工智能采用程度对移动可供性具有正向影响
	H2b	人工智能采用程度对交互可供性具有正向影响
	H2c	人工智能采用程度对自主可供性具有正向影响
	H3	人工智能可供性对企业创新绩效具有正向影响
	H3a	移动可供性对企业创新绩效具有正向影响
	H3b	交互可供性对企业创新绩效具有正向影响
	H3c	自主可供性对企业创新绩效具有正向影响
	H4	人工智能可供性在人工智能采用程度与企业创新绩效之间发挥中介作用
	H4a	移动可供性在人工智能采用程度与企业创新绩效之间发挥中介作用
	H4b	交互可供性在人工智能采用程度与企业创新绩效之间发挥中介作用
	H4c	自主可供性在人工智能采用程度与企业创新绩效之间发挥中介作用
人工智能可供性与市场智能响应的连续中介作用	H5	人工智能可供性对市场智能响应具有正向影响
	H5a	移动可供性对市场智能响应具有正向影响
	H5b	交互可供性对市场智能响应具有正向影响
	H5c	自主可供性对市场智能响应具有正向影响
	H6	市场智能响应对企业创新绩效具有正向影响
	H7	人工智能可供性和市场智能响应在人工智能采用程度与企业创新绩效之间发挥连续中介作用
	H7a	移动可供性和市场智能响应在人工智能采用程度与企业创新绩效之间发挥连续中介作用
	H7b	交互可供性和市场智能响应在人工智能采用程度与企业创新绩效之间发挥连续中介作用
	H7c	自主可供性和市场智能响应在人工智能采用程度与企业创新绩效之间发挥连续中介作用

续表

变量关系	假设编号	假设内容
数据质量的调节作用	H8	数据质量正向调节人工智能采用程度与人工智能可供性之间的关系
	H8a	数据质量正向调节人工智能采用程度与移动可供性之间的关系
	H8b	数据质量正向调节人工智能采用程度与交互可供性之间的关系
	H8c	数据质量正向调节人工智能采用程度与自主可供性之间的关系
组织柔性的调节作用	H9	资源柔性正向调节市场智能响应与企业创新绩效之间的关系
	H10	协调柔性正向调节市场智能响应与企业创新绩效之间的关系

2. 假设检验

本研究运用 Amos 26.0 和 Mplus 7.4 两款统计软件,通过构建结构方程模型(SEM)深入探讨变量间潜在的因果关系。同时,为提高研究结果的稳定性,特别采用 Bootstrap 分析法验证中介效应的存在性,采用重复抽样技术确定中介效应估计的置信区间,以保障结论的可靠性。为全面理解变量间的相互作用机制,借助潜调节结构方程模型(LMSEM)检验调节效应,识别并量化可能影响核心变量之间关系的调节变量,为假设检验提供了更加深入的观点。

SEM 相较于传统回归分析等方法,在处理复杂数据和揭示变量之间关系上具有明显优势。陈晓萍等(2012)指出,SEM 在分析多变量复杂关联和考虑随机误差等方面优于传统线性回归方法。传统方法难以全面反映题项平均值和每次单独代入变量所产生的误差,而应用 SEM 可提升测量与检验的精确性。运用 Amos 26.0 软件,通过 SEM 路径模型检验自变量与因变量间的因果关系。结果显示,非标准化路径系数具有统计性,即 P 值小于 0.05 时可以确定变量间存在相互影响。

Bootstrap 分析法在中介效应分析中体现了明显优势,被视为最佳实践方法（Hayes 等，2011）。第一，非线性数据处理能力更强。相较逐步回归法，Bootstrap 分析法能更灵活地适应各类数据的分布。第二，样本大小的适应性更强。Sobel 检验受限于大样本和正态分布，而 Bootstrap 分析法适用于各种样本。第三，支持多变量模型。Bootstrap 分析法能处理多个自变量、中介变量和控制变量，适合进行复杂分析。第四，非参数检验基于抽样分布而非正态分布假设，处理非正态数据更为有效。第五，可进行直观置信区间判断，通过抽样直接计算回归系数乘积置信区间，用于直观判断中介作用。

本研究使用 Mplus 7.4 软件和 Bootstrap 分析法，准确评估变量关系以支持后续研究。Mplus7.4 软件支持调节效应检验，交互项系数（P＜0.05）显示调节效应的存在。

本研究检验调节效应时采用的是潜调节结构方程法，该方法避免了参数估计不一致性，结果稳定可靠（温忠麟等，2012）。

（1）人工智能采用程度对企业创新绩效的作用检验

本研究探讨了人工智能采用程度与创新绩效的关系，提出了人工智能采用程度正向影响企业创新绩效的假设。通过 Amos 26.0 软件构建直接效应路径模型，分析人工智能采用程度对企业创新绩效的影响。表 3-31 显示了人工智能采用程度对企业创新绩效具有正向影响，非标准化路径系数为 0.404（P＜0.001），标准误为 0.055，标准化路径系数则高达 0.455。模型拟合的各项关键指标均表明该模型具有良好的适配性，具体数据如下：x^2/df=2.358＜3，RMSEA=0.059＜0.08，CFI=0.970＞0.9，TLI=0.954＞0.9，SRMR=0.033＜0.08。上述指标均强有力地支持了研究假设 H1，即人工智能采用程度对企业创新绩效具有正向影响。

表 3-31　人工智能采用程度对企业创新绩效影响的直接效应路径分析

非标准化路径系数	标准误	P 值	标准化路径系数	拟合指标				
				χ^2/df	RMSEA	CFI	TLI	SRMR
0.404	0.055	0.000	0.455	2.358	0.059	0.970	0.954	0.033

(2) 人工智能可供性的中介效应检验

以下研究人工智能采用程度、人工智能可供性与企业创新绩效的关系。基于文献分析和实践观察，提出以下假设。

人工智能采用程度正向影响人工智能可供性（H2），包括移动可供性（H2a）、交互可供性（H2b）和自主可供性（H2c）。

人工智能可供性及其各维度正向影响企业创新绩效（H3、H3a、H3b、H3c）。

人工智能可供性及其各维度在人工智能采用程度与企业创新绩效间起中介作用（H4、H4a、H4b、H4c）。

上述假设揭示了人工智能采用程度如何通过影响人工智能可供性进而影响企业创新绩效，为企业在人工智能应用和创新管理方面提供理论支持和实践指导。

使用 Amos 26.0 软件对 H2、H2a、H2b、H2c 进行直接效应路径分析，结果如表 3-32 所示，人工智能采用程度对移动可供性、交互可供性、自主可供性的影响显著，路径系数分别为 0.475、0.534、0.379，而且模型拟合良好。当将人工智能可供性视为二阶潜变量时，人工智能采用程度对其影响的非标准化路径系数为 0.359，标准化路径系数为 0.561，模型拟合度良好。数据分析表明，人工智能采用程度对人工智能可供性及其包含的三个维度产生正向影响，假设 H2、H2a、H2b、H2c 成立。

表 3-32　人工智能采用程度对人工智能可供性影响的直接效应路径分析

变量关系	非标准化路径系数	标准误	P 值	标准化路径系数	拟合指标					
					χ^2/df	RMSEA	CFI	TLI	SRMR
人工智能采用程度-移动可供性	0.375	0.051	0.000	0.475	1.377	0.031	0.990	0.984	0.025
人工智能采用程度-交互可供性	0.584	0.071	0.000	0.534	2.602	0.064	0.971	0.943	0.037

续表

变量关系	非标准化路径系数	标准误	P值	标准化路径系数	拟合指标				
					χ^2/df	RMSEA	CFI	TLI	SRMR
人工智能采用程度－自主可供性	0.397	0.065	0.000	0.379	2.765	0.067	0.972	0.944	0.034
人工智能采用程度－人工智能可供性	0.359	0.045	0.000	0.561	2.576	0.063	0.945	0.926	0.044

之后，探索人工智能可供性及其包含的移动可供性、交互可供性、自主可供性三个维度与企业创新绩效之间的潜在关系。在充分考虑控制变量的基础上，构建直接效应路径模型，将人工智能可供性及其三个维度作为自变量，将企业创新绩效作为因变量。基于表3-33展示的数据，得出以下结论。

表3-33 人工智能可供性对企业创新绩效影响的直接效应路径分析

变量关系	非标准化路径系数	标准误	P值	标准化路径系数	拟合指标				
					χ^2/df	RMSEA	CFI	TLI	SRMR
移动可供性－企业创新绩效	0.555	0.073	0.000	0.500	2.329	0.058	0.965	0.950	0.038
交互可供性－企业创新绩效	0.501	0.065	0.000	0.505	1.854	0.046	0.981	0.970	0.031
自主可供性－企业创新绩效	0.383	0.050	0.000	0.468	2.545	0.063	0.968	0.950	0.036
人工智能可供性－企业创新绩效	1.057	0.125	0.000	0.652	2.892	0.069	0.923	0.905	0.041

①移动可供性正向影响企业创新绩效，非标准化路径系数为 0.555（P ＜ 0.001），标准化路径系数为 0.500，模型拟合指标达标。

②交互可供性同样促进企业创新绩效，非标准化路径系数为 0.501（P ＜ 0.001），标准化路径系数为 0.505，模型拟合指标优异。

③自主可供性路径系数稍低（非标准化路径系数为 0.383，标准化路径系数为 0.468，P ＜ 0.001），但对企业创新绩效有显著正向作用，模型适配性良好。

综合上述三个维度，将人工智能可供性作为二阶潜变量时，会显著促进企业创新绩效（非标准化路径系数为 1.057，P ＜ 0.001，标准化路径系数为 0.652），模型拟合度极佳。

基于以上数据分析得出结论：人工智能可供性及其三个维度均对企业创新绩效具有正向影响，假设 H3 及其子假设 H3a、H3b、H3c 均得到验证。

采用 Mplus 7.4 软件，将移动可供性、交互可供性、自主可供性作为中介变量，分析人工智能采用程度对人工智能可供性三个维度的影响，以及人工智能可供性三个维度如何影响企业创新绩效。将人工智能采用程度、人工智能可供性的三种可供性和企业创新绩效整合为一个总体路径分析模型，以深化对假设 H1、H2 和 H3 的理解，并为中介假设 H4 的检验提供基础，得到图 3-3 所示的结果：①人工智能采用程度对企业创新绩效有显著正向影响（系数为 0.462，P=0.006）；②人工智能采用程度对三种可供性有显著正向影响（系数分别为 0.641、0.621、0.561，P ＜ 0.001）。

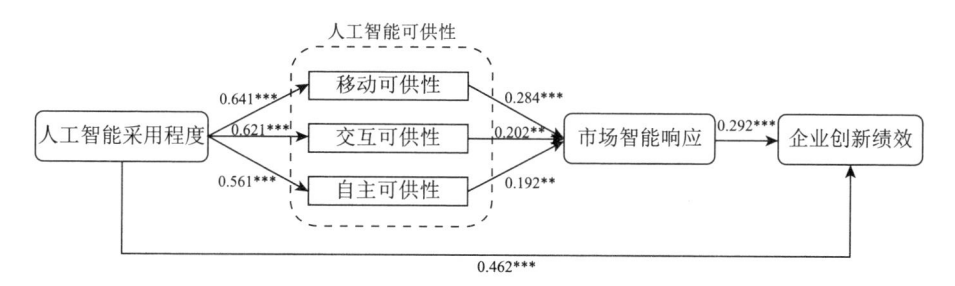

图 3-3 人工智能采用程度、人工智能可供性与企业创新绩效关系的路径分析

为验证人工智能采用程度与企业创新绩效的中介效应，运用 Bootstrap 分析法，重复抽样 5000 次，验证移动可供性、交互可供性、自主可供性在人工智能采用程度与企业创新绩效间的中介效应，结果如表 3-34 所示。直接效应 D1 显示，人工智能采用程度对企业创新绩效有显著正向影响（系数为 0.257，P=0.017），支持假设 H1。中介效应分析结果为：①移动可供性中介效应 M1 成立（系数为 0.124，P=0.045），支持 H4a；②交互可供性中介效应 M2 成立（系数为 0.146，P=0.026），支持 H4b；③自主可供性中介效应 M3 成立（系数为 0.136，P=0.014），支持 H4c。总中介效应分析结果：M1、M2、M3 之和为 0.406，P ＜ 0.001，支持整体中介作用；直接效应与间接效应之和为 0.663，P ＜ 0.001。

表 3-34　移动可供性、交互可供性和自主可供性的中介效应分析

	点估计（非标准化）	系数乘积项			Bootstrap（5000 次）95% 置信区间			
		标准误	点估计和标准误	P 值	偏差校正		百分位数	
					下限	上限	下限	上限
直接效应								
D1	0.257	0.108	2.382	0.017	0.051	0.481	0.048	0.479
间接效应								
M1	0.124	0.062	2.007	0.045	0.018	0.265	0.015	0.260
M2	0.146	0.066	2.229	0.026	0.029	0.289	0.031	0.294
M3	0.136	0.055	2.466	0.014	0.045	0.266	0.034	0.254
总中介效应	0.406	0.093	4.386	0.000	0.259	0.636	0.250	0.620
总效应								
总效应	0.663	0.088	7.529	0.000	0.520	0.859	0.521	0.859

本研究在统计框架下将技术可供性定义为二阶潜变量，利用 Bootstrap 分析法重复抽样 5000 次，探讨了人工智能可供性在人工智能采用程度与企业创新绩效间的中介作用。中介效应系数为 0.410，P ＜ 0.001，显示出

高度的显著性。偏差校正与百分位数在其95%置信区间均排除0值，提高了中介效应的稳健性。因此，上述证实了人工智能可供性在人工智能采用程度与创新绩效间起中介作用，为企业采用人工智能促进创新提供有力支持。

（3）人工智能可供性与市场智能响应的连续中介效应检验

探讨人工智能可供性在人工智能采用程度与企业创新绩效之间发挥中介作用时，将市场智能响应作为关键中间环节，并提出了一系列研究假设：假设人工智能可供性（H5）及其三个细分维度——移动可供性（H5a）、交互可供性（H5b）、自主可供性（H5c）——均对市场智能响应产生正向影响，市场智能响应进而能够正向推动企业创新绩效（H6）的提升。进一步构建连续中介模型，假设人工智能可供性及其各维度和市场智能响应在人工智能采用程度与企业创新绩效之间共同发挥连续中介作用（H7，H7a、H7b、H7c）。基于详细的样本数据分析，得出以下核心结论。

第一，直接效应验证结果表明，人工智能可供性的三个维度均与市场智能响应呈现显著正相关关系，其中移动可供性（$r=0.431$，$P < 0.05$）、交互可供性（$r=0.387$，$P < 0.05$）和自主可供性（$r=0.377$，$P < 0.05$）与市场智能响应之间的强相关性为连续中介链的成立提供初步证据。

第二，部分中介作用的确认。在考察人工智能可供性在人工智能采用程度与企业创新绩效之间的作用时，发现人工智能可供性扮演了部分中介角色，意味着除人工智能可供性外，还可能存在其他中介机制。

第三，连续中介效应的支持。通过利用Amos 26.0软件进一步分析，验证了连续中介假设。无论是单独考察移动可供性（$\beta=0.460$，$P < 0.001$）、交互可供性（$\beta=0.437$，$P < 0.001$）、自主可供性（$\beta=0.417$，$P < 0.001$）对市场智能响应的直接效应，还是将人工智能可供性作为整体考察（$\beta=0.648$，$P < 0.001$），均得到了良好的模型拟合度（$\chi^2/df < 3$，$RMSEA < 0.08$，$CFI > 0.9$，$TLI > 0.9$，$SRMR < 0.08$），支持了假设H5、H5a、H5b、H5c的成立，如表3-35所示。

表 3-35　人工智能可供性对市场智能响应影响的直接效应路径分析

变量关系	非标准化路径系数	标准误	P 值	标准化路径系数	拟合指标				
					χ^2/df	RMSEA	CFI	TLI	SRMR
移动可供性-市场智能响应	0.707	0.091	0.000	0.460	2.410	0.060	0.968	0.956	0.033
交互可供性-市场智能响应	0.550	0.074	0.000	0.437	2.886	0.069	0.961	0.945	0.029
自主可供性-市场智能响应	0.477	0.064	0.000	0.417	2.997	0.071	0.961	0.945	0.030
人工智能可供性-市场智能响应	1.046	0.124	0.000	0.648	2.424	0.060	0.942	0.929	0.040

构建以市场智能响应为自变量、企业创新绩效为因变量的路径分析模型。据表 3-36 所示，市场智能响应对企业创新绩效的非标准化路径系数为 0.375（P < 0.001），标准误为 0.047，标准化路径系数为 0.462。模型的拟合指标亦表现出良好的适配性，具体表现为 χ^2/df 值为 2.965，小于 3；RMSEA 值为 0.071，小于 0.08；CFI 值为 0.955，高于 0.9；TLI 值为 0.941，高于 0.9；SRMR 值为 0.038，小于 0.08。基于上述综合数据分析，得出如下结论：市场智能响应对企业创新绩效具有正面影响，验证了假设 H6 的正确性。

表 3-36　市场智能响应对企业创新绩效影响的直接效应路径分析

非标准化路径系数	标准误	P 值	标准化路径系数	拟合指标				
				χ^2/df	RMSEA	CFI	TLI	SRMR
0.375	0.047	0.000	0.462	2.965	0.071	0.955	0.941	0.038

本研究运用 Mplus 7.4 软件构建综合路径分析模型，将人工智能可供性及其三个维度（移动可供性、交互可供性、自主可供性）与市场智

能响应作为中介变量。在控制其他变量不变的前提下，分析人工智能采用程度对人工智能可供性三个维度的影响及其维度如何影响市场智能响应，以及市场智能响应如何作用于企业的创新绩效，如图 3-4 所示。第一，人工智能采用程度对企业创新绩效产生正向影响，其标准化路径系数为 0.462（P ＜ 0.001），证实了人工智能对企业创新的推动作用。第二，人工智能采用程度正向影响了人工智能可供性的三个维度，包含移动可供性、交互可供性和自主可供性，对应的标准化路径系数分别为 0.641、0.621 和 0.561（P ＜ 0.001），表明人工智能的深入应用可极大增强不同场景下的灵活交互。其中，移动可供性影响最大，标准化路径系数为 0.284（P ＜ 0.001），而交互可供性和自主可供性的影响稍弱，但同样显著（P=0.003），表明如果提高人工智能可供性，企业能够更有效地满足市场需求，提升市场竞争力。第三，市场智能响应的标准化路径系数为 0.292（P ＜ 0.001），证明市场智能响应在推动企业创新中的重要作用。进一步验证发现，将人工智能可供性作为二阶潜变量纳入模型进行路径分析时，标准化路径系数为 0.612（P ＜ 0.001）；同时，人工智能可供性对市场智能响应的促进作用明显，标准化路径系数为 0.592（P ＜ 0.001）；市场智能响应对企业创新绩效具有正向影响，标准化路径系数为 0.355（P ＜ 0.001），验证了提出的假设 H1、H2、H5 和 H6。

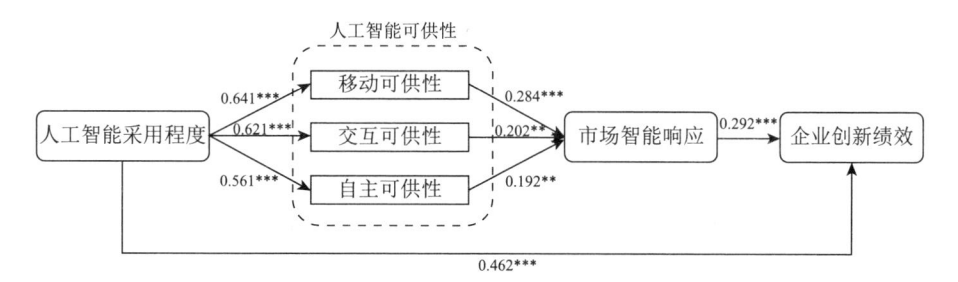

图 3-4　人工智能采用程度、人工智能可供性、市场智能响应与企业创新绩效关系的路径分析

在控制相关变量的基础上，运用 Bootstrap 分析法进行 5000 次重复抽样，检验移动可供性、交互可供性和自主可供性在人工智能采用程度与企

业创新绩效之间是如何通过市场智能响应产生链式中介效应的，数据结果如表 3-37 所示。

表 3-37 移动可供性、交互可供性和自主可供性与市场智能响应的连续中介效应分析

	点估计（非标准化）	系数乘积项			Bootstrap（5000次）95% 置信区间			
		标准误	点估计和标准误	P值	偏差校正 下限	偏差校正 上限	百分位数 下限	百分位数 上限
直接效应								
D2	0.595	0.113	5.280	0.000	0.420	0.860	0.427	0.874
间接效应								
M4	0.068	0.026	2.644	0.008	0.030	0.135	0.026	0.127
M5	0.047	0.019	2.446	0.014	0.018	0.098	0.015	0.090
M6	0.040	0.019	2.115	0.034	0.011	0.091	0.008	0.082
总中介效应	0.156	0.040	3.857	0.000	0.090	0.253	0.084	0.241
总效应								
总效应	0.751	0.118	6.343	0.000	0.577	1.035	0.578	1.038

①直接效应。人工智能采用程度直接对企业创新绩效产生正向影响。影响系数（D2）为 0.595，在 95% 的置信区间内（无论是偏差校正，还是百分位数）明显大于 0，支持假设 H1，表明人工智能的采用促进了企业的创新绩效。②链式中介效应。一是移动可供性与市场智能响应。人工智能采用程度可以通过移动可供性和市场智能响应产生连续作用，对企业创新绩效产生正向影响（M4 系数为 0.068），统计结果显著（P < 0.01），而且在 95% 的置信区间内不包含 0，验证了假设 H7a。

二是交互可供性与市场智能响应。人工智能采用程度通过交互可供性和市场智能响应的连续作用对企业创新绩效产生正向影响（M5系数为0.047），而且在95%的置信区间内不包含0，支持假设H7b。三是自主可供性与市场智能响应。人工智能采用程度通过自主可供性和市场智能响应的连续作用对企业创新绩效产生正向影响（M6系数为0.040），统计结果显著（$P < 0.05$），在95%的置信区间内不包含0，支持了假设H7c。③总中介效应与总效应。总中介效应综合考虑移动可供性、交互可供性和自主可供性，通过市场智能响应的中介作用，总效应系数为0.156，$P < 0.001$，在95%的置信区间内不包含0。而将直接效应和间接效应相加，得到总效应系数为0.751，$P < 0.001$，而且在95%的置信区间内不包含0。表明人工智能采用程度直接促进企业创新绩效，而且通过不同的人工智能可供性（移动可供性、交互可供性和自主可供性）及市场智能响应的连续中介作用进一步提升了创新绩效。

（4）数据质量的调节效应检验

研究关注数据质量在人工智能采用程度与人工智能可供性间起到的调节作用。假设数据质量正向调节人工智能采用程度与人工智能可供性的正向关联（H8）；数据质量正向调节人工智能采用程度与移动可供性的关联（H8a）；数据质量正向调节人工智能采用程度与交互可供性的关联（H8b）；数据质量正向调节人工智能采用程度与自主可供性的关联（H8c）。借助Mplus 7.4软件构建潜调节结构方程模型，以人工智能采用程度、数据质量及其交互项为自变量，人工智能可供性及其三个子维度为因变量，从而全面考虑控制变量的潜在影响。

经过对表3-38中的数据进行深入剖析，揭示了人工智能采用程度、数据质量及其交互作用对人工智能可供性（涵盖移动可供性、交互可供性、自主可供性三个维度）的复杂影响机制。第一，在人工智能采用程度与移动可供性方面，人工智能采用程度对移动可供性产生了正向影响（非标准化路径系数为0.351，$P < 0.001$），表明随着人工智能技术的广泛应用，企业的移动可供性得到增强。同时，数据质量在此关系中起到调节作用，其同样对移动可供性具有正向作用（非标准化路径系数为0.165，

P=0.002），而且人工智能采用程度与数据质量的交互项系数为正（非标准化路径系数为 0.156，P=0.032＜0.05），进一步表明高质量的数据能够强化人工智能采用程度对移动可供性的提升效果，支持了假设 H8a。图 3-5 直观地展示了不同数据质量水平下，人工智能采用程度对移动可供性影响程度的变化。第二，在人工智能采用程度与交互可供性方面，人工智能采用程度显著促进了交互可供性（非标准化路径系数为 0.442，P＜0.001），表明增加人工智能的采用能够提升企业的交互能力。尽管数据质量单独对交互可供性的影响不显著（非标准化路径系数为 0.020，P=0.757），但其与人工智能采用程度的交互项系数为正（非标准化路径系数为 0.208，P=0.019＜0.05），凸显了数据质量在调节人工智能采用强度与交互可供性关系中的关键作用，假设 H8b 得到了验证，图 3-6 清晰地描绘了这一调节作用的形态。第三，在人工智能采用程度与自主可供性方面，人工智能采用程度对自主可供性同样展现出了正向影响（非标准化路径系数为 0.385，P＜0.001），意味着人工智能的深入应用能够提升企业的自主决策和行动能力。数据质量在此关系中发挥了双重作用，直接正向影响自主可供性（非标准化路径系数为 0.193，P=0.006），而且通过与人工智能采用程度的交互作用（非标准化路径系数为 0.194，P=0.049＜0.05），放大了人工智能对自主可供性的提升效果，假设 H8c 得到了验证。图 3-7 生动地展示了数据质量在调节关系中的重要作用，特别是在高质量数据的支持下，人工智能采用程度对自主可供性的提升效果更为突出。

表 3-38　数据质量在人工智能采用程度与人工智能可供性之间关系的潜调节结构方程分析

	变量关系	非标准化路径系数	标准误	非标准化路径系数和标准误	P 值
数据质量调节人工智能采用程度与移动可供性之间的关系	人工智能采用程度 - 移动可供性	0.351	0.053	6.640	0.000
	数据质量 - 移动可供性	0.165	0.054	3.051	0.002

续表

变量关系		非标准化路径系数	标准误	非标准化路径系数和标准误	P值
数据质量调节人工智能采用程度与移动可供性之间的关系	人工智能采用程度与数据质量交互项－移动可供性	0.156	0.073	2.139	0.032
数据质量调节人工智能采用程度与交互可供性之间的关系	人工智能采用程度－交互可供性	0.442	0.066	6.724	0.000
	数据质量－交互可供性	0.020	0.064	0.309	0.757
	人工智能采用程度与数据质量交互项－交互可供性	0.208	0.089	2.341	0.019
数据质量调节人工智能采用程度与自主可供性之间的关系	人工智能采用程度－自主可供性	0.385	0.067	5.761	0.000
	数据质量－自主可供性	0.193	0.071	2.728	0.006
	人工智能采用程度与数据质量交互项－自主可供性	0.194	0.098	1.968	0.049
数据质量调节人工智能采用程度与人工智能可供性之间的关系	人工智能采用程度－人工智能可供性	0.362	0.046	7.946	0.000
	数据质量－人工智能可供性	0.124	0.047	2.654	0.008
	人工智能采用程度与数据质量交互项－人工智能可供性	0.170	0.063	2.702	0.007

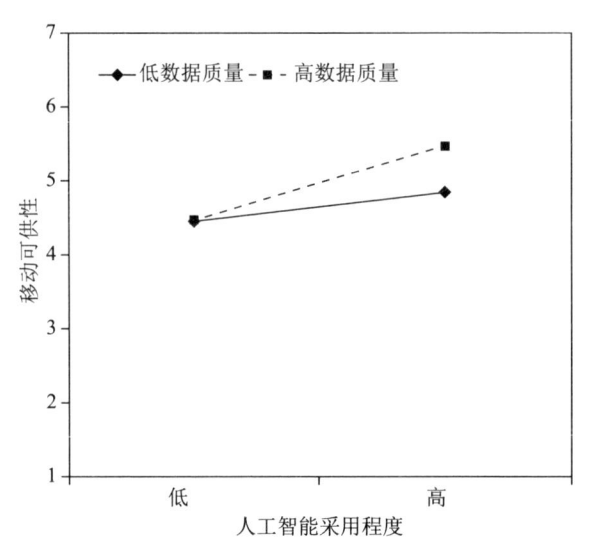

图 3-5　数据质量对人工智能采用程度与移动可供性之间关系的调节作用

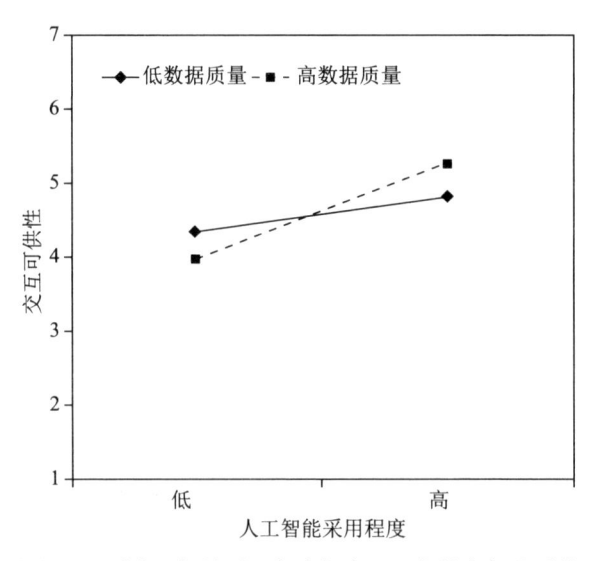

图 3-6　数据质量对人工智能采用程度与交互可供性之间关系的调节作用

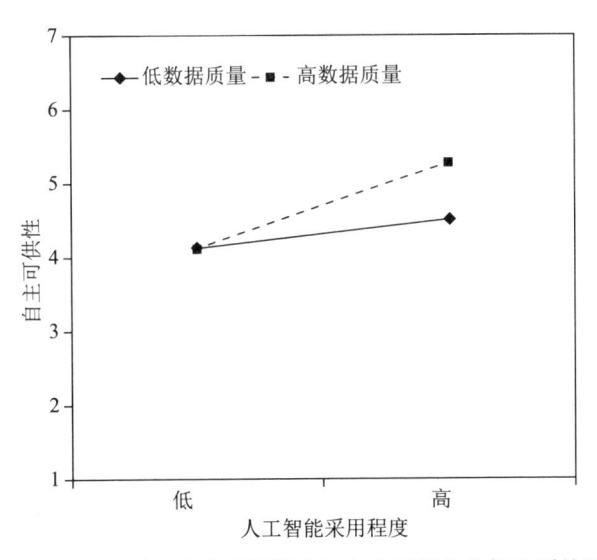

第三章 人工智能采用程度对企业创新绩效的影响分析

图 3-7 数据质量对人工智能采用程度与自主可供性之间关系的调节作用

将人工智能可供性视为二阶潜变量时，观察人工智能的采用程度对其可供性影响，具体表现为非标准化路径系数达到 0.362（P＜0.001），表明二者之间存在正向关系。同时，数据质量也显示出对人工智能可供性的直接影响，其非标准化路径系数为 0.124（P=0.008），表明数据质量越高，人工智能可供性越强。进一步分析发现，人工智能采用程度与数据质量之间存在交互作用，对人工智能可供性产生额外的正向影响，具体表现为非标准化路径系数为 0.170（P=0.007＜0.01）。上述结果验证了数据质量在人工智能采用程度与人工智能可供性关系中的调节作用，验证了假设 H8 的有效性。如图 3-8 所示，数据质量在人工智能采用程度与人工智能可供性之间关系在低数据质量情境下表现为较小的直线斜率，而在高数据质量情境下则呈现出较大的直线斜率，直观地反映了数据质量对人工智能可供性的积极影响。

137

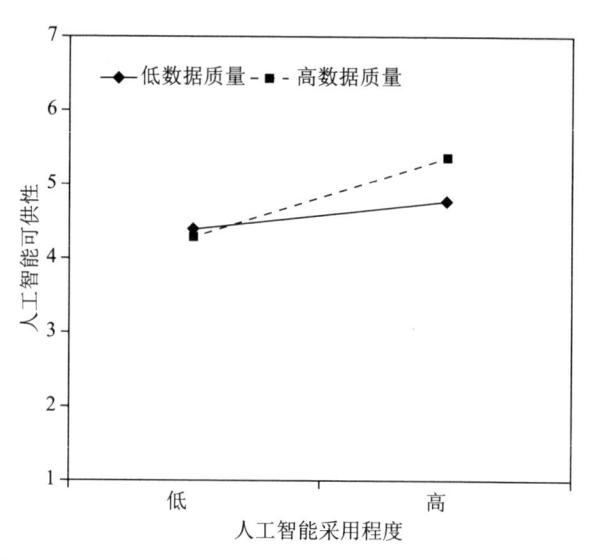

图 3-8　数据质量对人工智能采用程度与人工智能可供性之间关系的调节作用

（5）组织柔性的调节效应检验

本部分探讨了组织柔性在市场智能响应与企业创新绩效关系中的调节效应，提出两个假设：资源柔性正向调节市场智能响应与企业创新绩效之间的关系（H9），协调柔性正向调节市场智能响应与企业创新绩效之间的关系（H10）。使用 Mplus 7.4 软件与潜调节结构方程法构建以市场智能响应、组织柔性、交互项为自变量，以创新绩效为因变量的模型。为验证资源柔性在调节市场智能响应与企业创新绩效之间关系的效应，对表 3-39 中的数据结果进行深入分析，结果显示：市场智能响应对企业创新绩效具有正向影响，其非标准化系数为 0.542（P＜0.001），表明市场智能响应能有效推动企业创新绩效的提升。然而，资源柔性对企业创新绩效的直接作用并不显著，其非标准化系数为 -0.108（P=0.182），表明资源柔性在直接作用于企业创新绩效时并未产生积极的促进作用。考察市场智能响应与资源柔性的交互作用，分析结果显示：交互项的非标准化系数为 -0.226（P=0.054＞0.05），表明资源柔性未能正向调节市场智能响应与企业创新绩效之间的关系。基于以上数据分析结果，本研究得出以下结论：H9 关于资源柔性能够正向调节市场智能响应与企业创新绩效之间关系的假设并不成立。

表 3-39　资源柔性在市场智能响应与企业创新绩效之间
关系的潜调节结构方程分析（1）

变量关系	非标准化系数	标准误	非标准化系数和标准误	P 值
市场智能响应－企业创新绩效	0.542	0.061	8.823	0.000
资源柔性－企业创新绩效	-0.108	0.081	-1.326	0.182
市场智能响应与资源柔性交互项－企业创新绩效	-0.226	0.117	-1.926	0.054

关于资源柔性在企业管理与企业创新绩效之间扮演的角色，学术界已得到多元化的观点与结论。主流学术派别倾向于将资源柔性与协调柔性视作组织柔性不可或缺的组成部分，并强调其对技术创新及探索活动的积极推动作用，如 Zhou 和 Wu（2009）的研究所揭示的。然而，Li 等（2010）的研究提出了不同的观点，认为在特定情境下资源柔性可能对产品创新与企业创新绩效之间的关系产生消极的调节作用。Li 等（2011）的研究深入揭示了资源柔性在特定关联中的非线性（倒 U 形）调节机制，为理解资源柔性的复杂作用机制提供了新的学术视角。鉴于上述学术界的争议及本研究的背景，本研究认为资源柔性在市场智能响应与企业创新绩效间的直线性调节效应并不突出，因此提出可能存在更为复杂的曲线调节效应的假设。为了深入验证此假设，在严格控制其他相关变量的基础上构建潜调节结构方程模型，将市场智能响应和资源柔性作为自变量，包含资源柔性交互项、资源柔性的平方项及资源柔性平方项与市场智能响应的交互项。模型的核心目标是全面剖析不同水平下资源柔性在市场智能响应转化为企业创新绩效过程中的调节机制。

表 3-40 的数据分析结果显示，市场智能响应对企业创新绩效的非标准化影响系数为 0.861（P＜0.001），表明其对企业创新绩效具有显著的正向影响；而资源柔性的非标准化影响系数为 -0.024，其影响在统计

上不显著（P=0.731）。在考察资源柔性交互项时，发现资源柔性交互项对企业创新绩效的非标准化影响系数为 -0.164，而且在统计上并不显著（P=0.065＞0.05）。资源柔性的平方项及其与市场智能响应的交互项均对企业创新绩效产生了负向影响（P＜0.001），其非标准化系数分别为 -0.349 和 -0.496，表明其起到了倒 U 形调节作用。如图 3-9 所示，当资源柔性处于中等水平时，市场智能响应对企业创新绩效的促进效应最为显著，超过了在低资源柔性和高资源柔性下的效果。上述研究结论为企业提供了重要的管理启示，即在资源配置上寻求平衡，以使市场智能响应对企业创新绩效的积极影响最大化。

表 3-40 资源柔性在市场智能响应与企业创新绩效之间关系的潜调节结构方程分析（2）

变量关系	非标准化系数	标准误	非标准化系数和标准误	P 值
市场智能响应 - 企业创新绩效	0.861	0.091	9.423	0.000
资源柔性 - 企业创新绩效	-0.024	0.070	-0.344	0.731
市场智能响应与资源柔性交互项 - 企业创新绩效	-0.164	0.089	-1.842	0.065
资源柔性的平方项 - 企业创新绩效	-0.349	0.084	-4.173	0.000
资源柔性的平方项与市场智能响应的交互项 - 企业创新绩效	-0.496	0.105	-4.728	0.000

经过详细的数据分析，发现资源柔性在调节过程中存在特定的最佳水平。在高水平下，市场智能响应对企业创新绩效的积极影响会随资源柔性的提升而增强。然而，一旦资源柔性超过这一最佳水平，市场智能响应对企业创新绩效的积极影响将逐渐减弱，呈现出递减的趋势。

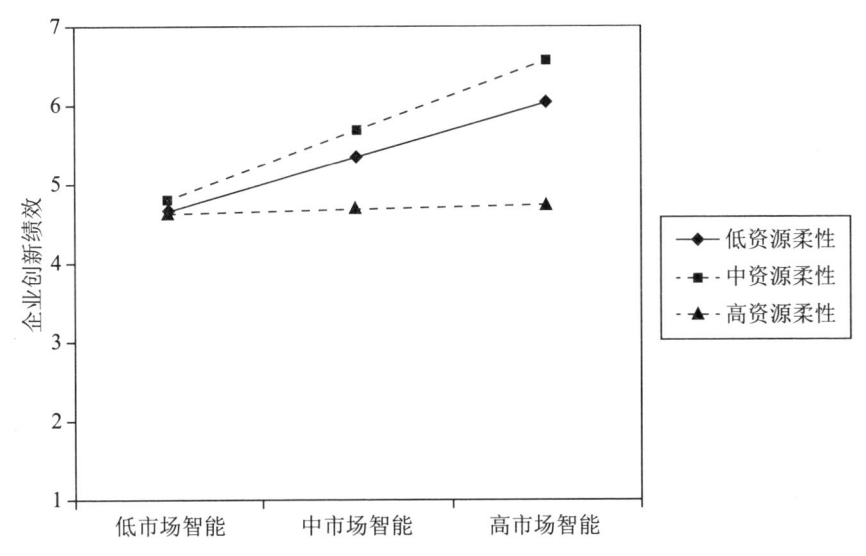

图 3-9 资源柔性对市场智能响应与企业创新绩效之间关系的调节作用

针对市场智能响应与协调柔性调节作用的验证，依据表 3-41 的数据分析，市场智能响应对企业创新绩效的影响显著，其非标准化系数为 0.507，P 值小于 0.001，表明二者之间存在显著的正向相关性。然而，协调柔性对企业创新绩效的独立影响并不明显，其非标准化系数为 0.016，P 值为 0.751。在探讨市场智能响应与协调柔性的交互作用时，发现该交互作用对企业创新绩效具有显著影响，其非标准化系数为 0.160，P 值为 0.005，小于 0.05 的显著性水平。结果表明，协调柔性在市场智能响应与企业创新绩效间具有调节作用，验证了假设 H10。

表 3-41 协调柔性在市场智能响应与企业创新绩效之间关系的潜调节结构方程分析

	变量关系	非标准化系数	标准误	非标准化系数和标准误	P 值
协调柔性调节市场智能响应与企业创新绩效之间的关系	市场智能响应 - 企业创新绩效	0.507	0.066	7.665	0.000
	协调柔性 - 企业创新绩效	0.016	0.052	0.317	0.751
	市场智能响应与协调柔性交互项 - 企业创新绩效	0.160	0.057	2.816	0.005

图 3-10 直观地展示了协调柔性对市场智能响应与企业创新绩效之间关系的调节作用。其中，低协调柔性条件下的直线斜率明显低于高协调柔性条件下的斜率。

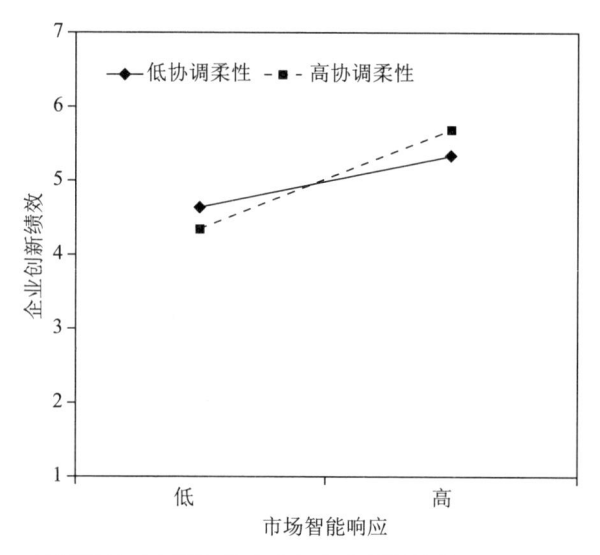

图 3-10　协调柔性对市场智能响应与企业创新绩效之间关系的调节作用

六、人工智能采用程度对企业创新绩效的作用机制讨论

（一）人工智能采用程度与企业创新绩效关系的讨论

经过深入分析人工智能采用程度与企业创新绩效之间的关系，得出了明确且具有重要意义的结论：人工智能的广泛采用可以显著且积极地提升企业的创新绩效（β=0.404，P＜0.001）。此发现证实了假设 H1 的有效性，进一步加深了对人工智能在推动企业创新绩效提升方面潜在价值的理解。尽管当前关于人工智能与创新交叉领域的研究尚处于初期阶段，未形成完善的理论体系，但管理领域和科学界已广泛认同人工智能在创新过程中的独特价值。现有文献已明确指出，人工智能的采用对组织产生了多方面的积极影响，涵盖学习能力提升、用户互动增强、关系管理优化及企业绩效提升等方面。例如，人工智能通过自动化流程减少人为错误和偏见，为企业创造了新的商业机会，直接提升了企业绩效（Lee 等，2022；

Baabdullah 等，2021）。在创新背景下，人工智能的引入更是被视为推动创新周期加速、提高创新效率的关键因素。本研究为进一步细化其中的关系，通过实证研究方法从创新速度和创新效果两个维度深入分析了人工智能采用程度对企业创新绩效的具体作用机制。第一，在创新速度方面，人工智能的广泛应用促进了产品开发方法的精益化和敏捷化，依托其强大的数据分析能力，企业能够更精确地评估产品成本与质量，预测市场需求，从而加快产品迭代和上市速度（Raneri 等，2022；Seyoum 和 Lian，2018）。第二，在创新效果层面，人工智能不仅提升了企业的知识获取与利用能力，还激发了企业的创新动机与创造力，为团队释放了更多时间用于深度思考与创造，推动了技术创新与市场响应能力的全面提升（Cancer 和 Tyler，2015；Liu 等，2020）。值得强调的是，人工智能在创新过程中的作用贯穿整个流程，从机会识别到产品生产，每一环节都凸显了人工智能的赋能作用（Füller 等，2022）。

（二）人工智能可供性的中介作用讨论

在探讨人工智能采用程度与企业创新绩效之间的关系时，研究结论表明，人工智能可供性作为二阶潜变量起到部分中介作用（$\beta=0.410$，$P < 0.001$），从而验证了假设 H2、H3、H4。尽管 Trocin 等（2021）在人工智能创新研究领域中首次引入技术可供性理论，但其构建的理论框架和维度划分在复杂性和可检验性层面仍有待考量。以下基于技术可供性视角，分析人工智能采用程度如何影响企业创新绩效，并通过大规模实证研究验证相关假设，为人工智能可供性研究提供新的划分维度，包含人工智能在创新情境下的三个可供性维度——移动可供性、交互可供性、自主可供性。

第一，移动可供性指人工智能在创新活动中帮助企业突破信息处理限制、实现双主体协同学习和降低共享成本的能力。移动可供性要求支持企业的高效识别、生产、开发等新想法，以促进内部数据和知识的快速流动，进而提升企业创新绩效。基于实证结果，移动可供性在人工智能采用程度与企业创新绩效关系中起到部分中介作用（$\beta=0.124$，$P=0.045$），验证了假设 H2a、

H3a、H4a。

第二，交互可供性关注的是人工智能如何促进用户与产品、企业与用户之间的实时互动。交互可供性运用智能产品的实时反馈机制，探索企业的深度互动，有助于资源、创意和能力的内外流动，提高多维度的创新机会，进而提升企业创新绩效。同时，实证数据验证了交互可供性在人工智能采用程度与企业创新绩效关系中的部分中介作用（β=0.146，P=0.026），使假设 H2b、H3b、H4b 得到验证。

第三，自主可供性描述了人工智能在较少人类干预下独立运行和自主创新的能力。其改变了创新的产生方式，形成新的人机合作关系，使员工有更多时间从事创造性活动，在一定程度上提高了企业的整体创造力，有利于制订更好的企业目标。实证结果显示，自主可供性在人工智能采用程度与企业创新绩效关系中起到部分中介作用（β=0.136，P=0.014），验证了假设 H2c、H3c、H4c。

（三）人工智能可供性与市场智能响应的连续中介作用讨论

人工智能采用程度与企业创新绩效之间存在明显的关联，其中人工智能可供性和市场智能响应均为关键中介（β=0.156，P＜0.001）。人工智能可供性是连接技术与行动的桥梁。本研究基于技术可供性理论构建了"人工智能采用程度－人工智能可供性－市场智能响应－企业创新绩效"的连续中介模型。通过实证检验发现连续中介作用突出，验证了假设 H5、H6、H7。企业人工智能采用程度的提高使人工智能可供性及其多个维度得到加强，提升了企业在市场上的智能响应能力，使企业能够更快速、准确地识别市场机会，调整创新策略，最终提高企业的创新绩效。

第一，企业在广泛采用人工智能的背景下，通过构建移动可供性来有效处理信息任务。此做法基于对用户和竞争对手的大数据智能分析，可以精准把握市场动荡的根源，探索潜在的不良影响，以此制订更为完善的市场智能响应策略，从而灵活地应对用户需求波动，分析竞争对手的动态变化，保障企业在多变的市场环境中迅速识别新机遇并有效应对新威胁。研究发现，移动可供性和市场智能响应在人工智能采用程度与企业创新绩效之间起到部分中介作用（β=0.068，P=0.008），证实了高水平创新绩效的实现路径。

第二，企业在积极融入人工智能的进程中，加强其与用户的互动能力有利于创新绩效的提升。例如，利用智能技术精确捕捉用户的行为模式和偏好，深化了对用户需求的认知，加快了与用户共同挖掘市场机遇的进程。Huang 和 Rust（2020）的研究表明，这种深度的用户交互能为企业提供产品与服务改进的关键见解。在当前的数字化转型浪潮中，企业通过人工智能的赋能精准定位新产品的核心内容，实现了对市场动态的即时智能响应，加速市场渗透，提升了企业的创新绩效。研究结果显示，交互可供性与市场智能响应在人工智能采用程度与企业创新绩效之间起到中介作用（β=0.047，P=0.014），验证了假设 H5b、H6、H7b。

第三，人工智能的广泛应用赋予了企业前所未有的自主感知、学习和决策能力，即自主可供性。这种自主能力能够使企业迅速制订并执行优化策略，有效缩短了对市场变化的反应时间，加速了产品和流程的迭代升级。Long 和 Liao（2016）的研究指出，人工智能的自主决策能力不仅提高了创新的效率，还增强了创新效果。本研究确认了在自主可供性和市场智能响应的共同作用下，人工智能采用程度对企业创新绩效的积极作用，表现为部分中介效应（β=0.040，P=0.034），验证了假设 H5c、H6、H7c，揭示了人工智能在企业创新中的深层次作用机制。

（四）数据质量的调节作用讨论

在研究人工智能采用程度与人工智能可供性之间的关系时，数据质量表现出显著的正向调节作用。数据是支撑人工智能运行的基础和关键原材料。尽管目前人工智能与数据的协同作用已经受到学术界和工业界的广泛关注，但关于其具体关系的理论模型和实证检验仍然较为缺乏。基于此，本研究构建理论模型，明确了数据质量在人工智能采用程度与人工智能可供性三个维度之间发挥的正向调节作用。

第一，数据质量与移动可供性。数据是人工智能学习和价值创造的核心，高质量的数据可保障人工智能在处理复杂数据源时更快速、准确，以提升人工智能的移动可供性。例如，优质的数据能够使人工智能更高效地感知、学习和整合信息，形成灵活、高效的决策和行动能力。因此，数据质量在人工智能采用程度与移动可供性之间发挥的正向调节作用得到验证。

第二，数据质量与交互可供性。在高质量数据的支持下，人工智能能够准确识别用户画像和行为偏好，进而与用户展开更多的交互，提高用户体验，发挥智能产品平台的数据网络效应，有效推动人工智能的普及和应用。本研究在实证层面支撑了数据质量在人工智能采用程度与交互可供性之间发挥的正向调节作用。

第三，数据质量与自主可供性。基于自主可供性的人工智能系统，在没有人为干预的情况下具有自主分析和决策的能力，这一能力的大小取决于输入数据质量的高低。高质量的数据可保障人工智能在复杂的数据分析环境中更快速、准确地做出决策，从而提升人工智能的自主可供性。本研究验证了数据质量在人工智能采用程度与自主可供性之间发挥的正向调节作用，有助于促进人工智能的广泛应用和深入发展。

（五）组织柔性的调节作用讨论

本研究立足于严谨的学术框架，研究了组织柔性及其包含的资源柔性与协调柔性两个维度是如何影响市场智能响应与企业创新绩效之间的关系的。

研究发现，资源柔性的正向调节假设未成立（β=-0.226，P＞0.05）。资源柔性作为调节变量，其作用方向多样，包括正向、负向和倒 U 形。研究假设资源柔性在市场智能响应与企业创新绩效之间呈现复杂的曲线调节作用，进一步检验发现，资源柔性在两者间呈现显著的倒 U 形调节作用（β=-0.496，P＜0.001）。

适度的资源柔性是企业成功的要素之一，有助于企业在管理资源时克服困难，并在资源获取与资源积累之间实现平衡，可以提高市场决策的准确性和企业创新绩效。然而，过度的资源柔性也会带来负面影响。第一，资源柔性过高会抑制市场智能响应对企业创新绩效的积极作用。过度的资源柔性可能导致资源被分散到过多项目上，使每个项目无法获得足够的资源支持，从而影响创新的效率和质量。第二，资源柔性虽由资源的固有属性决定，但其不直接等同于企业利用这些资源的能力。因此，企业在面对市场变化时，过度的资源柔性不一定能全部有效地转化为企业的创新动力，反而可能导致企业过于依赖现有资源，忽视了对新资源的探索与开发，在一定程度上限制了企业的创新空间。第三，过高的资源柔性会使企业产生组织惰性。鉴于资源的高度灵活性，企业过于依赖现有的资源组合和配置方式，会在一定程度上忽视市场和技术的变化，受惯性思维影响则会阻碍企业适应新的市场环境和竞争趋势，从而限制企业的创新发展。对比而言，适度的资源柔性可为企业创新提供必要的动力和支持，使企业灵活地调整资源组合，选择符合企业发展的配置方式，以适应市场变化、应对行业挑战。同时，适度的资源柔性可激发企业的创新潜力，推动企业不断寻找新的市场机会，突破技术局限。

协调柔性作为重要的调节变量，在市场智能响应和企业创新绩效之间发挥着正向调节作用，可为企业的市场智能响应决策执行提供资源重组和配置保障，减少创新任务中的冲突和障碍，促进跨部门甚至跨企业的合作，持续提升企业的创新能力和绩效水平。

第四章
人工智能研发投入对企业绩效的影响研究

一、研究背景

在全球经济深度融合的时代背景下，企业间的竞争越来越激烈。为稳固并提升市场地位，众多企业已深刻认识到创新能力的重要性。作为世界第二大经济体，我国积极展现出科技创新能力，致力于推动社会经济发展，提升国际贸易地位。全球创新指数（GII）作为独立的评估工具为管理者和企业家提供了战略参考，有助于帮助企业克服挑战、稳定发展，进一步扩大市场份额。近年来，我国在研发投入、知识产权专利申请及风险投资等方面均保持强劲增长态势，尤其是在软件、网络通信、硬件设备及医药生物科技等领域，众多企业纷纷加大投资力度，展现出中国企业的创新实力和强劲韧性。

自人工智能的概念被提出以来，其在各领域备受关注。尽管人工智能的发展历程尚短，但其发展势头与不断演进的发展内涵均彰显出巨大的潜力。然而，现阶段的人工智能发展速度仍未能完全达到研究学者的要求。随着网络信息技术的飞速进步，核心计算能力也逐渐提升，海量的网络信息数据为人工智能的跨越式发展提供了有力支撑，使其成为当前全球技术领域中的一大热点。关于人工智能未来的发展前景，业界观点各异，既包括乐观期待，也不乏谨慎担忧。立足于全球竞争日益激烈的时代背景下，众多发达国家已深刻认识到新型人工智能在未来竞争中的战略价值。因此，各国应制订相应策略，加大对人工智能发展的投入力度，从而在未来的技术革命中占据优势地位。面对新型人工智能应用范围的不断拓展，企业要想在激烈的市场竞争中脱颖而出、拥有强大的核心竞争力，需要进一步拓展、提升自主研发能力。

二、相关概念基础

（一）研发投入

研发是企业为保持市场领先地位，利用掌握的尖端科技保障自身在竞争激烈的市场中稳定的关键因素。科研工作是企业未来发展的核心驱动力，也是对现行技术、理论、方法和工艺的深入探索。技术革新在企业的技术进步和战略发展中发挥着承上启下的桥梁作用。从广义发展角度来看，研发管理涵盖了全社会的科研活动；而从狭义角度分析，研发聚焦于企业对研发项目的资金支持，以及综合管理工作的拓展。研发项目投入不仅局限于资金，也涵盖了数据、人才和创新思维等资源。由于对创意的量化存在一定难度，当前对于研发投入的研究主要集中在经费和人才投入上。研究支出通常包含直接研究成本，如人员薪酬、材料费用、设备折旧等；间接研究成本，如分摊运营管理成本等。具体的研究支出包括如下内容：一是支付技术研究人员薪酬、奖金和其他人工成本；二是在研究过程中消耗的材料费用和服务成本，如订购科技文献、研究材料费、咨询服务费等；三是与研究活动相关的固定资产折旧，如设备和厂房折旧成本；四是外购无形资产的摊销成本；五是与研究活动相关的间接运营管理成本，如科研团队（包括项目研发管理人员、科研人员、提供技术支持和经验保障的辅助技术人员）的费用。

在科研领域中，研究与开发是两个相互支撑、互为因果的关键环节。因此，在进行研发活动前需明确探索边界与目标，涉及对未知领域的系统性掌握情况，通过长期且有序地研究实践，逐步积累认知经验；经过深入的实践检验后证实研究的可靠性，即可将研究过渡到开发阶段，最终形成规模化生产。研究活动本身可细分为基础研究与应用研究两类。第一，基础研究致力于探寻自然法则，挖掘一般的理论问题，再深化对研究主题的理解，构建完善的知识体系。此类研究尚不具备直接的商业价值，但研究成果具有潜在价值，能够为未来技术创新提供数据支持。第二，应用研究则聚焦于解决具体的商业问题，其研究目标明确，可通过探索新技术、新方法，开发出新产品、新能源或新型配方技术等方式提升技术水平，实现生产过程的跨越式发展。因此，在新产品开发过程中，应用研究占据核心地位。从另一层面来看，研究的终极目标是得到研究成果并实现研究成果向实际产品的转化，其目标涉及原型设计与流程开发等诸多项目。然而，现阶段研发过程充满不确定性，新技术与新产品的成功量产在很大程度上取决于研发过程是否顺利。因此，研发项目的有效管理及风险防控至关重要。

科技与产业进步的核心地带存在重要的研发活动，其聚焦于构建对现有产品或流程的新型知识体系，创造全新的产品价值，是一项极具系统性与创造性的工作，致力于将新获取的知识应用于新材料研发、全新产品设计、提升现有产品的价值。因此，研发活动应具备以下四个特征。一是独特性与专有性。当研究成果具备专利保护条件时应达成保密协议，成为企业独有的核心资产，其潜在价值难以估量。同时，专利的授予还有助于企业提前锁定市场份额，使盈利最大化，保障企业的市场领导地位。反之，若研究成果未能得到保护，则可能面临被竞争对手轻易复制的风险，导致研发成果价值大幅下降。二是市场时机性。研发部门的设立应处在市场增长相对平缓或温和的环境中。而在瞬息万变的市场形势下，竞争对手如果先出研发成果并抢占先机，则会使研发活动的价值大打折扣。三是风险性。研发活动因其内在属性充满不确定性，而且并非所有的研发项目均能成功转化为商业产品。相较于直接购买或收购技术，自主研发风险更高，需投入大量资源以实现从研究成果到商业产品的转化。企业利用自主研发可保障技术的独特性，兼具市场适应性，从而占据有利市场地位。四是成本考量。自主研发虽有助于企业摆脱对外部技术的依赖，但初期的投入成本较高，对企业的现金流产生的影响较大。而利用购买或许可的方式获取技术，虽降低了风险，但从长期角度来看可能面临更高的成本负担，包括许可费、特许权使用费，以及与销售业绩挂钩的长期付款，还会受到地理限制或其他潜在风险影响。

（二）企业绩效

企业绩效的核心在于精准衡量特定运营阶段，了解企业业务运作的实际成果，以及其管理者的工作效率。在中小型企业运营实践中，绩效涉及盈利能力、资本运用效率、债务处理水平及长远发展潜力等。针对经营人员的绩效评估，主要依据其在企业运营及拓展各阶段取得的业绩。然而，在学术研究领域，探讨投入与企业绩效间的内在联系时，财务绩效则是研究的核心，企业市场竞争中经营人员带来的盈利水平则是核心中的核心。因此，为全面、客观地评价企业绩效，研究者从盈利水平、运营能力、偿债能力、成长潜力这四个维度进行深入剖析，以保障研究结果的全面性和准确性。第一，盈利水平是评估企业长期稳健运营和可持续发展的关键指标，直接反映企业在市场运营中获取收益的能力，该指标与企业的所有利益相关者紧密相连，包括资产净利润率和权益净利润率等，直观体现了企业的获利效益。第二，运营能力关注企业高效配置资源的收益是否达到最大化，涉及企业的经营管理策略、资产利用情况及负债结构等方面。借助分析企业的总资产周转速度、存货周转量、应收账款周转率等指标，可评估企业资产运营效率，揭示其经营管理水平的高低。第三，偿债能力是企业保持稳健运营的重要基础，关乎企业能否按期偿还各类债务，包括短期债务和长期债务处理能力。资产负债率等指标是衡量企业短期偿债能力的重要依据，而持续盈利能力反映了企业在长期经营过程中偿还债务的潜力。第四，成长潜力是衡量企业整体发展潜能的重要指标，包括企业的营业收入增长率、净利润增长率等，直观反映了企业的成长速度和市场竞争力，是企业实现持续发展的基础保障，通过综合评估可全面判断企业是否具备长期发展的潜力。

三、相关理论

（一）委托代理理论

委托代理理论由 Berle 和 Means 等科学家于 20 世纪 30 年代提出，该理论明确指出在公司结构中应清晰划分所有权与经营权，是现代企业形成与发展的基础理论。立足新时代背景,企业所有者与管理者分别担任委托人与代理人角色,共同构建企业的运营体系。然而,由于企业业务运营机制的不完善,存在信息不对称的固有问题,委托人与代理人之间不可避免地存在矛盾。作为代理人的企业经营者负责公司的日常运营和管理,因此其通常对公司实际运营状况有更深入的了解。而作为委托人的公司所有者,虽拥有公司所有权,但由于其不直接参与日常运营活动,难以全面掌握企业的真实经营情况、盈亏状况、管理者的实际能力等。同时,委托人与代理人在利益和目标上也可能存在差异。股东通常追求企业的长期增长和股东利益最大化,而经营者可能更加关注个人报酬、福利待遇和职业声誉等。利益和目标的不一致直接导致经营者会做出不利于公司长远发展的决策,从而损害委托人的利益。因此,为有效激励经营者更好地为公司服务,需要采取相应的激励措施,以保障经营者能够站在公司角度做出决策,避免发生违反职业道德的行为。由于企业研发活动具有周期长、风险高的特点,其中存在的代理问题可能更加突出,对公司的研发行为产生不利影响。为实现公司长期、稳定的发展目标,需投入足够的研发资金。公司的股份制形式也是影响其在研发项目上投资决策的关键。虽然不同的股份制形式可能导致不同投资决策倾向,但选择合适的股份制形式可在一定程度上减少代理人侵害委托人权益的情况,并激励委托人增加对研发的投入,从而促进公司业绩的持续增长。

(二)技术创新理论

技术创新理论的历史可追溯至 20 世纪初期,德国著名社会管理理论家熊彼特对技术的概念进行界定,并深入探究技术创新的理论框架。在其著作《经济发展理论》中明确指出技术创新的核心是:技术创新在于新生产要素与新生产条件的组合,包括新产品、新技术、新原材料来源及新型企业组织结构。第一,熊彼特强调人是技术创新的核心驱动力,尤其是作为产业管理者和经营者个体,在企业中承担管理、运营等职责,他们通过重新配置企业的生产要素,创造出全新的生产组合,并将其创新成果应用于企业产品中。因此,企业家作为技术创新的主体,凭借其实践与努力可以使企业完成产品要素的重新组合，或引入最新的技术创新科技，以获取垄断利润和竞争优势。第二，技术创新对经济增长具有双重影响。一方面，技术创新可推动经济增长，发挥示范效应，吸引其他企业加入创新、模仿的行列，激发了对生产资料或创新产品的需求，促进经济繁荣；另一方面，随着模仿者的增多，原有企业的市场地位可能会逐渐丧失，垄断利润减少，创新动力不断减弱，经济陷入低谷时期。因此，为了再次激发经济增长活力，企业需要不断推出新一轮的创新活动。第三，挖掘技术创新的破坏性和创造性特征，催生出新的生产结构。技术创新是社会经济实体内部结构的自我革新过程，改变了企业的运营方式，也推动了社会价值的更新，促使新产品更具价值。

（三）核心竞争力理论

深入探讨企业成功的核心因素时，核心竞争力应是其中的关键因素。其概念源自哈佛大学著名的研究报告《企业核心竞争力研究》，由知名学者普拉哈拉德和哈默共同提出，他们明确指出企业的核心竞争力不仅涵盖了多个部门，还体现在产品的关键技术与流程中的卓越技能，在于公司独有的知识技能集合。企业的核心竞争力需满足三个严格标准。第一，可为用户带来明显的价值提升，增强竞争优势。第二，应具备高度的独特性，使竞争对手难以模仿或复制。第三，应以"稀缺"为方向，使竞争对手难以轻易获取或替代。以经营多元化的企业为例，其如同枝繁叶茂的大树，各个行业如树干般支撑起企业的整体架构，而取得的发展成果犹如树叶和果实，但真正促使大树持续生长的是深埋于地下的树根，即企业核心竞争力。企业的生长离不开发达的根系，其长远发展亦依赖于核心竞争力的不断提升。在构成企业核心竞争力的众多要素中，科技创新能力是要素之一，体现在企业对新技术的引进与应用方面，在于其对研发的投入、人才引进与培养层面，企业具有持续研究的开发能力能够使其在激烈的市场竞争中保持领先地位。同时，企业的科技系统作为竞争力的核心，是企业独有且难以被竞争对手复制的优势。基于系统支持企业对现有技术进行深入研究、加工与创新开发，打造出更具市场竞争力的新产品、新服务。由此可见，企业应构建并维护强大的科技系统，为企业的长远发展战略提供助力。

（四）投入产出理论

1931年，美籍经济学家列昂惕夫率先提出了投资与产出的基本概念，并在其著作《美国经济体系中投入产出的数量关系》中深入剖析了投资的来源与作用机制。他指出投入产出理论是先进的定量分析工具，可全面考察投资与产出间的相互作用。在其理论体系中，投资被界定为社会生产活动所需的各种资源要素的总和；而产出指资源要素经过生产活动转化形成的经济成果。列昂惕夫的理论通过构建具有投入产出表的分析工具，剖析社会经济活动中各因素间的相互作用和关系，探索其相互作用如何影响宏观经济发展，在分析方法中揭示了社会经济现象，能够帮助使用者掌握社会经济现象的内在规律和特点，为政策制定者提供了科学的决策依据。随着时间的推移，投入产出理论的应用范围逐渐扩大，不再局限于市场领域，还融入了各地文化背景和实际发展情况。我国对投入产出比问题的研究始于20世纪50年代末60年代初，虽然研究初期受限于数据可得性和技术条件，尚无法编制完整的总投入产出表，但我国科研人员在此领域中仍进行了大量的探索和研究工作。1973年，我国成功编制了第一张实物型投入产出表，标志着我国在投入产出分析领域取得了重要突破。基于投入产出理论，企业可精准配置资源，将有限的资源集中于研发活动等关键领域，提高创新产出和效益，不仅有助于企业积累技术优势和专利储备，还能促进企业的技术进步和新产品开发，从而扩大市场份额并提升经济效益。

四、研究设计

（一）研究假设

1. 研发投入对企业绩效的影响

在可持续发展的经济环境下，将前沿技术整合到企业的制造过程中，其本质在于技术的不断革新，创新源自于科技与管理的深度融合，对企业的稳定与发展具有重要价值。第一，技术发展为企业经营提供了有力支撑，可借助新产品的开发促进企业能力的全面提升。企业利用技术研发活动积累的优势，在产品开发、生产管理和市场拓展中，通过创新科技实现自身市场竞争力的提升。绩效管理是评估企业价值的关键手段，直接反映了企业的优劣和模式选择。在长期的竞争过程中，企业能充分利用自身独特优势，在业务领域中取得突破，其中研究创新投资的重要性尤为关键。第二，研发投入有助于维持产品在市场上的领先地位，使企业运用技术创新更好地满足消费者需求，通过增加研发投入保持企业优势。尽管不同管理方式和经营策略可被模仿，但研发产生的技术创新却难以简单复制。缺乏研发投入将导致产品更新滞后，影响企业在行业中的地位和绩效。因此，为应对人工智能领域技术的快速发展，诸多企业正加大研发投入，在巩固现有产品质量的同时积极开发新项目。第三，企业应通过对已有产品要素的研究和创新投入，对其进行有效分组并将其应用于产品开发中。研究和技术创新可提升产品的技术含量，更好地满足不同市场需求。

基于上述分析，可提出以下假设：在人工智能企业中，研发投入与企业绩效之间存在正相关关系。这意味着随着研发投入的增加，企业的绩效也将得到相应提升。

2. 研发投入的滞后性分析

在探讨企业研发投入与业绩提升之间的关联时，基于核心竞争力视角不难发现研发活动对提高企业自主创新能力和经济效益的积极作用。目前，众多企业已将研发投入视为发展战略的核心，在不断地创新提升中提高行业竞争力。然而，研发项目的复杂性和不确定性不容忽视。从研发活动的初期投资到最终成果商业化，需要经历多个周期，伴随巨大的资金投入，在其过程中投入与回报间可能存在不匹配的情况，从而对企业当期的财务状况造成一定压力。因此，部分研究者认为企业研发投入对当期业绩的直接影响不显著，甚至在短期内会对利益造成损害。因此，考虑研发活动的长期性，企业研发应充分考虑投入对企业绩效的影响，挖掘其可能存在的滞后效应。即研发投入带来的经济效益并非立即显现，尚需经历时间的积累与沉淀。研发周期越长，这种滞后效应可能越明显。

基于上述分析，可提出以下假设：人工智能企业的研发投入对企业绩效影响非即时显现，具有一定滞后效应。这意味着尽管研发投入在初期不会对业绩产生明显影响，但随着时间推移对企业绩效的积极作用将逐渐显现。

（二）样本选取及数据来源

样本选择为2017—2020年的中国上市公司，经过精心筛选，保障了样本数据的准确性和完整性。现将数据整理过程做如下详细阐述。

第一，实施严谨的筛选流程，将所有被上海证券交易所标记为ST和*ST的股票予以剔除。由于这些公司在生产经营活动中存在财务信息不透明或违规行为等问题，已受到上海证券交易所警示，所以决定将其排除在样本之外，以保证研究的可靠性。第二，考虑上市公司所属行业间的差异性。鉴于金融类公司独特的会计核算方法与非金融类公司存在差异，为避免这种差异对研究分析造成干扰，将全部金融类上市公司从样本中剔除。第三，对剩余样本数据进行全面的质量核查。对于数据缺失或存在异常的观测值进行仔细甄别并剔除，以保障研究数据的可信度。

经过上述筛选与清理流程，最终确定了包含78家上市公司的样本库，共提供312组有效观测数据。获取研究所需的财务数据后，通过同花顺和CSMAR数据库（中国经济金融研究数据库）进行数据下载。在数据处理环节，利用Excel软件对收集到的原始数据进行了整理、清洗和格式转换，便于后续的分析、解读；借助SPSS软件进行回归分析，深入探究各变量之间的内在联系和影响因素。

（三）变量定义

1. 被解释变量

选择评估企业业绩的指标时，可聚焦于企业业绩的核心因素。企业业绩作为衡量企业在经营与管理期间的综合效益标杆，是评价经营管理者业务成果的重要依据。在学术界及行业实践中，对企业业绩的量化评估通常采用权益净利润率（ROE）和资产净利润率（ROA）。ROE主要衡量股东投资带来的回报率，直接反映股东权益的盈利能力；ROA 是更为综合的指标项目，不仅考虑股东投资回报，还涵盖了企业固定资产利用效率，即在股权性固定资产与债务性固定资产共同作用下形成的回报效果。本章选择资产净利润率（ROA）作为主要评价方法，即 ROA 能够较为全面地反映企业对固定资产的利用效率。ROA 的计算方式是用企业净利润除以总资产金额，其结果能够直观展示企业资产的盈利能力。

2. 解释变量

企业研发投入强度（RD）是一个衡量企业研发活动投入程度的重要指标。在全球范围内对 RD 的评价方式主要可以分为两大类别，包含绝对值指数和相对指数。绝对值指数通过企业研究费用的直接金额来度量，其方法简单直观，但缺乏对企业整体运营状况和资本规模的考量；而相对指数则运用计算研发投资与企业净资产，分析主营业务收入比例，考虑了研发投资的数量、企业的资本规模和运营状况，能更精确地反映各企业在技术创新投资方面的实际情况。本章选择相对指数衡量企业的技术创新投资情况，将研发投入与企业的营业收入进行比值计算出的 RD 作为评估企业技术创新投资强度的指标，全面反映了企业对技术创新活动的投入程度。

3. 控制变量

（1）企业规模

在企业融资活动中，企业规模是至关重要的指标。大型企业因其规模具备显著优势，而且若具有高绩效水平与合理的资源分配更易成功融资。同时，大型企业拥有成熟、完善的企业结构和经营销售模式，能够为运营提供稳定基础，增加投资机会和拓宽资金运作空间。因此，本章将企业规模作为关键的控制变量以量化企业规模。将期末资产总额的自然对数作为衡量标准，即企业规模（SIZE）=LN（期末资产总额），全面反映企业资产规模和经济实力，有助于准确评估企业规模在融资中的影响。

（2）资产负债率

企业高负债时风险增大，偿债压力也会逐步加大。财务报告常将研发投入视为成本或费用，可影响企业的整体业绩。在高负债的情况下，企业的研发资金相对有限，可能无法满足正常需求。为准确分析企业财务和经营绩效，本章引入资产负债率（LEV）作为控制变量。LEV 是期末负债与期末资产之比，反映了企业的负债结构和其对企业运营、研发的影响，可全面评估企业的财务稳健性和持续创新能力。

（3）营业收入现金净含量

现金流量是企业运营和研发活动的关键支撑，会直接影响企业的日常运营稳定性及新产品、技术研发的持续性。本章用营业收入现金净含量（CASH）为评估企业现金流量状况的关键指标。CASH 计算方法为：用经营活动产生的净现金流除以营业收入。

（4）企业成长能力

企业核心竞争力体现在持续进步和创新能力层面，营业收入稳定增长是整体绩效提升的标志。本章将企业成长能力（GROWTH）作为核心控制变量进行评估。GROWTH 利用本年度营业收入相对上一年度的增长额与上一年度营业收入总额的比例进行计算，以精确捕捉企业成长速度和发展潜力，更全面地理解企业的增长动态，如表 4-1 所示。

表 4-1 变量定义

变量类型	变量名称	变量符号	变量计算公式
被解释变量、解释变量	资产净利润率	ROA	净利润 / 总资产金额
	研发投入强度	RD	研发投入 / 营业收入
控制变量	企业规模	SIZE	LN（总资产）
	资产负债率	LEV	期末负债合计 / 期末资产总计
	营业收入现金净含量	CASH	经营活动产生的净现金流 / 营业总收入
	企业成长能力	GROWTH	(营业收入本年本期金额 - 营业收入上年同期金额)/ 营业收入上年同期金额

（四）模型设计

基于上述研究假设，本章构建以下四个模型以严谨、系统地检验相关假设的合理性。我国知名学者郑小丹等（2015）在其滞后性影响领域中进行了深入探究，发现研发投入对企业绩效存在三年的滞后效应。

一是研发投入对企业当期绩效的影响回归模型：

$$ROA_{i,t}=\beta_0+\beta_1 RD_{i,t}+\beta_2 SIZE_{i,t}+\beta_3 LEV_{i,t}+\beta_4 CASH_{i,t}+\beta_5 GROWTH_{i,t}+\beta_6 YEAR_{i,t}+\delta \quad (4-1)$$

二是研发投入对企业滞后一期绩效的影响回归模型：

$$ROA_{i,t}=\beta_0+\beta_1 RD_{i,t-1}+\beta_2 SIZE_{i,t}+\beta_3 LEV_{i,t}+\beta_4 CASH_{i,t}+\beta_5 GROWTH_{i,t}+\beta_6 YEAR_{i,t}+\delta \quad (4-2)$$

三是研发投入对企业滞后二期绩效的影响回归模型：

$$ROA_{i,t}=\beta_0+\beta_1 RD_{i,t-2}+\beta_2 SIZE_{i,t}+\beta_3 LEV_{i,t}+\beta_4 CASH_{i,t}+\beta_5 GROWTH_{i,t}+\beta_6 YEAR_{i,t}+\delta \quad (4-3)$$

四是研发投入对企业滞后三期绩效的影响回归模型：

$$ROA_{i,t}=\beta_0+\beta_1 RD_{i,t-3}+\beta_2 SIZE_{i,t}+\beta_3 LEV_{i,t}+\beta_4 CASH_{i,t}+\beta_5 GROWTH_{i,t}+\beta_6 YEAR_{i,t}+\delta \quad (4-4)$$

上述模型中，设定 i 以指代企业，设定 t 以指代年度，β 代表系数，δ 代表随机误差项。

模型（4-1）深入剖析了研发投入对企业当期绩效的具体影响，以验证假设 1 的有效性。同时构建模型（4-2）、模型（4-3）及模型（4-4），探讨研发投入的滞后效应，以检验假设 2 的合理性。

五、实证分析

（一）描述性统计分析

根据表 4-2 的数据，可见人工智能企业的绩效水平展现出明显差异性。在资产净利润率（ROA）方面，最高值为 0.1873，最低值为 -0.0976，平均值为 0.0375。在研发投入强度（RD）上，不同企业之间存在明显的差异变化，其值域为 0.0095 至 0.1910，平均值为 0.0564，标准差为 0.0341，这可能表明部分企业对自主创新的重视程度有所不同。企业规模（SIZE）的平均值为 23.0384，标准差为 1.3968，反映出企业间规模的差异性，这种差异可能会影响企业的经营策略和研发投入。资产负债率（LEV）的差异较大，范围从 0.0868 至 0.8997，标准差为 0.1824，可能会对企业的研发活动产生影响,高负债影响企业的资金流动性。营业收入现金净含量(CASH)的最小值为-0.2996,最大值为0.5734,平均值为0.0823,体现了不同企业在现金周转能力上的明显差异。对于企业成长能力(GROWTH)而言,其值域为-0.8625至7.7050,平均值为0.2201,尽管行业内企业营业收入的增长情况各异,但总体上呈现增长趋势。

表 4-2 描述性统计

	样本数	最小值	中值	最大值	平均值	标准差
ROA	312	-0.0976	0.0336	0.1873	0.0375	0.0363
RD	312	0.0095	0.0222	0.1910	0.0564	0.0341
SIZE	312	20.2671	25.2608	26.7736	23.0384	1.3968
LEV	312	0.0868	0.5790	0.8997	0.4748	0.1824
CASH	312	-0.2996	0.2800	0.5734	0.0823	0.1056
GROWTH	312	-0.8625	0.0198	7.7050	0.2201	0.5618

(二)相关性分析

1. 研发投入与企业当期绩效的相关性分析

根据表4-3的数据分析,得出了以下相关性结果。第一,研发投入(RDt)与资产净利润率(ROA)正相关,相关系数为0.314,在1%显著性水平上显著,表明研发投入增加会提升企业绩效。第二,资产负债率(LEV)与资产净利润率(ROA)负相关,相关系数为-0.415,在1%显著性水平上显著,表明高资产负债率可能对企业绩效产生不利影响。第三,营业收入现金净含量(CASH)与资产净利润率(ROA)正相关,相关系数为0.164,在5%显著性水平上显著,表明营业收入现金净含量增加有助于提升企业绩效。第四,成长能力(GROWTH)与资产净利润率(ROA)正相关,相关系数为0.362,在1%显著性水平上显著,表明成长能力虽然对当期绩效的直接作用不明显,但其增长趋势与企业绩效提升相关。

表 4-3 变量相关性检验（当期）

	ROA	RDt	SIZE	LEV	CASH	GROWTH
ROA	1	0.314**	−0.088	−0.415**	0.164*	0.362**
RDt	0.314**	1	−0.112	−0.388**	0.074	0.019
SIZE	−0.088	−0.112	1	−0.023	0.122	−0.093
LEV	−0.415**	−0.388**	−0.023	1	−0.207*	−0.037
CASH	0.164*	0.074	0.122	−0.207*	1	−0.057
GROWTH	0.362**	0.019	−0.093	−0.037	−0.057	1

2. 研发投入与企业滞后一期绩效的相关性分析

在表 4-4 中，RDt-1、CASH、GROWTH 与 ROA 之间均展现出正向相关关系，且在 1% 的显著性水平上呈现一致性。各相关因素的系数依次为 0.342、0.190、0.248，显示出不同程度的正相关效应。相比之下，SIZE、LEV 与 ROA 的系数分别为 −0.170 与 −0.407，在 1% 的显著性水平上尤为明显，呈负相关关系。基于上述数据分析，可初步推断企业绩效在滞后一期时受研发投入的正向影响。

表 4-4 变量相关性检验（滞后一期）

	ROA	RDt-1	SIZE	LEV	CASH	GROWTH
ROA	1	0.342**	−0.170**	−0.407**	0.190**	0.248**
RDt-1	0.342**	1	−0.256**	−0.368**	0.067	0.087
SIZE	−0.170**	−0.256**	1	0.086	0.098	−0.089
LEV	−0.407**	−0.368**	0.086	1	−0.188**	0.022
CASH	0.190**	0.067	0.098	−0.188**	1	−0.004
GROWTH	0.248**	0.087	−0.089	0.022	−0.004	1

3. 研发投入与企业滞后二期绩效的相关性分析

根据表 4-5 的数据分析，发现 RDt-2 与 ROA 在 1% 的显著性水平上呈现正向相关关系，其相关系数为 0.379。同时，LEV、SIZE、GROWTH

与 ROA 在 1% 的显著性水平上表现出明显的相关性，具体系数分别为 -0.433、-0.208、0.318。基于相关性检验数据，可得出结论：研发投入对企业在滞后二期的绩效存在一定正向影响。

表 4-5 变量相关性检验（滞后二期）

	ROA	RDt-2	SIZE	LEV	CASH	GROWTH
ROA	1	0.379**	-0.208**	-0.433**	0.138	0.318**
RDt-2	0.379**	1	-0.293**	-0.361**	0.040	0.158*
SIZE	-0.208**	-0.293**	1	0.142	0.056	-0.115
LEV	-0.433**	-0.361**	0.142	1	-0.209**	0.007
CASH	0.138	0.040	0.056	-0.209**	1	-0.037
GROWTH	0.318**	0.158*	-0.115	0.007	-0.037	1

4. 研发投入与企业滞后三期绩效的相关性分析

根据表 4-6 所呈现的数据，RDt-3、GROWTH 与 ROA 之间均存在正向相关关系，而且结论已经通过了 1% 级别的显著性测试。其中，RDt-3 的系数大小为 0.344，GROWTH 的系数大小为 0.444，均显示出对 ROA 的积极影响。然而，LEV 与 ROA 之间的系数为 -0.452，同样在 1% 级别明显，显示出负相关关系。而 SIZE 与 CASH 之间的关系未通过显著性检验。综合以上数据，可初步判断滞后三期的企业绩效受研发投入的正向影响。

表 4-6 变量相关性检验（滞后三期）

	ROA	RDt-3	SIZE	LEV	CASH	GROWTH
ROA	1	0.344**	-0.207	-0.452**	0.090	0.444**
RDt-3	0.344**	1	-0.225*	-0.335**	0.069	0.116
SIZE	-0.207	-0.225*	1	0.014	-0.019	-0.099
LEV	-0.452**	-0.335**	0.014	1	-0.265*	-0.051
CASH	0.090	0.069	-0.019	-0.265*	1	-0.177
GROWTH	0.444**	0.116	-0.099	-0.051	-0.177	1

（三）回归分析

1. 研发投入与企业当期绩效的回归分析

基于表 4-7，可观察到 R 值为 0.578，其数值明显大于 0.5，显示出一定的相关性。同时，R2 值为 0.334，经过调整后 R2 值为 0.311，两个指标共同表明 RDt 与 ROA 之间存在某种程度关联，而且具备一定解释力度。同时，F 值达到 14.363，而且 Sig. 值小于 0.05，进一步验证了模型（4-1）的有效性，说明该模型在描述 RDt 与 ROA 关系时具有统计学上的显著性。

表 4-7 模型汇总（当期）

模型	R	R2	调整后的 R2	标准估算的误差	F	Sig.
1	0.578a	0.334	0.311	0.031	14.363	0.000b

审视表 4-8，发现所有 VIF 值均保持在 10 以下。因此，当前暂不需要考虑共线性问题。对于 RDt 的回归系数，其具体值为 0.176，同时 Sig. 值为 0.023，其统计显著性结果表明，人工智能企业的研发投入与当期绩效之间存在着明显的正相关关系，验证了假设 1 的正确性。与此同时，LEV 变量通过了 1% 水平的显著性检验，对应的回归系数为 -0.064，表明过高的资产负债率将对企业当期绩效产生负面影响，使收益下降。SIZE 变量的系数为 0.006，通过了 5% 水平的显著性检验，揭示了企业规模的快速扩张可能对企业盈利产生一定的抑制作用。

表 4-8 模型线性回归分析（当期）

	β	标准误差	Beta	t	Sig.	容差	VIF
（常量）	0.087	0.050		1.747	0.083		
RDt	0.176	0.077	0.171	2.292	0.023	0.835	1.198
SIZE	0.006	0.002	-0.058	-0.829	0.408	0.961	1.041
LEV	-0.064	0.015	-0.314	-4.153	0.000	0.814	1.229
CASH	0.041	0.025	0.113	1.610	0.110	0.941	1.063
GROWTH	0.051	0.010	0.349	5.079	0.000	0.987	1.013

2.研发投入与企业滞后一期绩效的回归分析

根据对表 4-9 的数据分析,发现 R 值为 0.534,明显超出 0.5 的界限;R2 值为 0.286,经过调整后的 R2 值为 0.270;F 统计量为 18.226,Sig. 值显示为 0.000,可确认模型（4-2）的构建是合理的。

表 4-9　模型汇总（滞后一期）

模型	R	R2	调整后的 R2	标准估算的误差	F	Sig.
2	0.534a	0.286	0.270	0.031	18.226	0.000b

根据表 4-10 所示,各变量的 VIF 值介于 1.0 至 1.3,暂排除共线性问题。RDt-1 的回归系数为 0.186,Sig. 值为 0.006,表明研发投入促进人工智能企业滞后一期收益的提升。LEV、CASH、GROWTH 均通过显著性检验。LEV 系数为 -0.063,表明高资产负债率对企业盈利有负面影响;CASH 系数为 0.048,表明增加现金净含量有利于提升收益;GROWTH 系数为 0.029,反映增长潜力对收益的积极影响。

表 4-10　模型线性回归分析（滞后一期）

	β	标准误差	Beta	t	Sig.	容差	VIF
（常量）	0.105	0.039		2.726	0.007		
RDt-1	0.186	0.067	0.174	2.795	0.006	0.808	1.238
SIZE	−0.003	0.002	−0.090	−1.538	0.125	0.917	1.091
LEV	−0.063	0.012	−0.316	−5.160	0.000	0.835	1.198
CASH	0.048	0.021	0.129	2.247	0.026	0.951	1.052
GROWTH	0.029	0.007	0.232	4.112	0.000	0.984	1.016

3.研发投入与企业滞后二期绩效的回归分析

表 4-11 中所呈现的 R 值为 0.579,该值高于 0.5 阈值;R2 值为 0.335,经过调整后的 R2 值为 0.313,其统计量能够有效地反映 RDt 与 ROA 之间的关联性。同时,F 值达到 15.126,而且 Sig. 值为 0.000,充分证明了模型（4-3）的构建是合理且有效的。

表 4-11　模型汇总（滞后二期）

模型	R	R2	调整后的 R2	标准估算的误差	F	Sig.
3	0.579a	0.335	0.313	0.031	15.126	0.000b

根据表 4-12 中的数据，观察到所有变量 VIF 值均未超过 2，说明目前暂时不考虑共线性问题。RDt-2 的回归系数为 0.209，其 Sig. 值为 0.014，结果表明人工智能企业的研发投入对企业滞后二期绩效水平的提升具有促进作用。

表 4-12　模型线性回归分析（滞后二期）

	β	标准误差	Beta	t	Sig.	容差	VIF
（常量）	0.098	0.044		2.232	0.027		
RDt-2	0.209	0.084	0.185	2.479	0.014	0.793	1.262
SIZE	-0.002	0.002	-0.077	-1.096	0.275	0.902	1.109
LEV	-0.070	0.015	-0.342	-4.667	0.000	0.826	1.211
CASH	0.029	0.027	0.074	1.083	0.281	0.948	1.055
GROWTH	0.042	0.010	0.285	4.205	0.000	0.964	1.037

4. 研发投入与企业滞后三期绩效的回归分析

如表 4-13 所示，R 值为 0.653，明显超过 0.5 阈值，显示出较高的相关性。调整后的 R2 值为 0.386，有效地说明了 RDt-3 与 ROA 之间的关联程度。F 值达到 10.680，Sig. 值为 0.000，远低于 0.05 的显著性水平，充分证明模型（4-4）的构建具有合理性。

表 4-13　模型汇总（滞后三期）

模型	R	R2	调整后的 R2	标准估算的误差	F	Sig.
4	0.653a	0.426	0.386	0.032	10.680	0.000 b

根据表 4-14 中的数据，所有变量的 VIF 值均落在 1.0 至 1.22 的区间，远小于 10 阈值，因此可初步排除共线性存在。在探究人工智能企业研发投入对滞后三期业绩的影响时，RDt-3 的回归系数为 0.194，但显著

性指标 Sig. 为 0.154，表明虽然研发投入对滞后三期的业绩有一定正向促进作用，但该效果并不明显。LEV 和 GROWTH 变量分别通过 1% 显著性水平测试，对应系数为 -0.082 和 0.061，意味资产负债率较高可能对企业效益的提升产生负面影响，而企业规模扩大则会对效益起到一定的积极作用。

表 4-14　模型线性回归分析（滞后三期）

	β	标准误差	Beta	t	Sig.	容差	VIF
（常量）	0.153	0.071		2.167	0.034		
RDt-3	0.194	0.134	0.141	1.439	0.154	0.833	1.200
SIZE	-0.004	0.003	-0.129	-1.402	0.165	0.938	1.066
LEV	-0.082	0.022	-0.369	-3.739	0.000	0.821	1.218
CASH	0.021	0.039	0.051	0.544	0.588	0.892	1.121
GROWTH	0.061	0.014	0.405	4.400	0.000	0.942	1.062

六、案例分析

（一）案例企业概况

1. 公司简介

科大讯飞股份有限公司（以下简称科大讯飞）是国内人工智能领域中的佼佼者。科大讯飞不仅在国内人工智能领域中占据领先地位，更以其卓越的技术实力跻身世界智能语音科技领域前列。科大讯飞始终坚持"顶天立地"的发展策略，一方面在人工智能方向求卓越，力求达到世界领先水平；另一方面致力于将先进技术应用于多领域、多行业，为消费者带来实在的经济价值。同时，在技术研发层面，科大讯飞凭借口语评测、语音识别等技术，成功使电脑具备"能听会说，能理解、会思考"的能力。科大讯飞积极参与国家中文语言标准制订工作，为推动中国科技发展贡献自身力量。科大讯飞立足业务发展，运用"平台+赛道"的策略，借助自主讯飞开放平台，与众多合作伙伴共同构建了以科大讯飞为核心的人工智能行业生态且在多个领域广泛布局，深耕教学、健康、司法等重点领域，取得了显著的成果。近年来，科大讯飞在 To C 端实现了重大突破，研发出如翻译机、讯飞输入法等产品，受到广大消费者的热烈欢迎。

2. 公司发展概况

1999 年，18 位怀揣梦想的年轻大学生凭借对中文语音技术的深刻理解和热爱共同创立了科大讯飞，为整个语音技术领域注入了前所未有的活力。

2000—2010 年，科大讯飞凭借其卓越的技术实力和创新精神迅速崭露头角，被正式认定为国家"863 计划"成果产业化基地，与各方共建实验室，实现了资源与核心技术的深度结合。在此期间，科大讯飞成为智能语音平台的领军者，拥有超过 100 家的开发厂商，被当时的信息产业部认定为"中文语音交互技术标准工作组"组长单位，承接了国家语音高技术产业化示范工程项目。科大讯飞设立的博士后科研工作站持续推动科研创新，其英文合成技术更是在国际赛事中连续 6 年夺冠，成为行业内的翘楚。

2011—2020 年，科大讯飞迎来了里程碑式的发展，成功完成再融资，为公司持续创新提供了强大支撑。科大讯飞积极拓展业务领域，与汽车企业达成战略合作，共同推动智能语音和车联网技术的发展。科大讯飞启动了"AI 教育公益计划"。在医疗领域，科大讯飞推出的影像辅助诊断系统为医生提供了更为精准的诊断工具。而其与梅州市政府的合作，开启了科大讯飞在地方经济创新发展中的新篇章。

2021 年至今，科大讯飞从未停止探索的脚步。科大讯飞启动"讯飞超脑 2030 计划"，以期具备更高层次的认知智能和更广泛的应用场景。同时，科大讯飞积极加入广州元宇宙产业联盟，与业界同仁共同探索元宇宙的无限可能。科大讯飞前瞻性的布局和举措彰显了其在技术创新方面的远见卓识。

（二）科大讯飞研发投入情况

从表 4-15 可以看出，科大讯飞 2015—2020 年对研发创新的投入金额呈现逐年增长趋势。2015—2019 年，该公司的研发投入强度始终保持在 20% 以上的高水平。值得注意的是，2020 年，由于全球经济形势的低迷，科大讯飞首次出现研发投入强度低于 20% 的情况。尽管如此，该年度的研发投入金额相较于 2019 年仍有所增加，达到了 241624 万元。科大讯飞的技术开发费用资本化率历年均保持在 40% 以上，显示出较高的资本化水平。然而，企业实际纳入无形资产的数额较多，在后期进行摊销并计入技术费用时可能会对企业未来每年的收益产生不利影响，需要引起企业重视。

表 4-15　2015—2020 年，科大讯飞的研发投入情况

年份	研发投入金额/万元	研发投入强度/%	研发投入资本化金额/万元	研发投入资本化占比/%
2015	57730	23.08	23950	41.49
2016	70913	21.36	37182	52.43
2017	114533	21.04	54930	47.96
2018	177274	22.39	83352	47.02
2019	214346	21.27	103996	48.52
2020	241624	18.55	103274	42.74

注：数据来源于东方财富网《科大讯飞：2020 年年度报告》，发表日期是 2021 年 4 月 20 日。

（三）科大讯飞绩效分析

1. 科大讯飞财务指标分析

（1）盈利能力

盈利水平是企业资本增值的能力，其核心标准在于衡量企业创造利润的能力。对研发活动的加大投入已被证实是提升盈利水平的有效途径。企业，尤其是民营企业，作为追求盈利的经济实体，各项投资活动的核心目标应以实现企业的持续发展、获得预期利润回报为基础。为此，企业应基于自身收入与利润之间的内在联系，了解企业资产与利润之间的相互作用和关系。从公司高管层面来看，盈利水平的重要性尤为关键，直接关联

到企业的长期投资回报率,是衡量企业经营状况和未来发展潜力的关键指标,需给予高度的关注,以保障企业在激烈的市场竞争中保持稳健的盈利水平。

科大讯飞在 2014—2018 年经历了营业利润率和营业净利率的下滑,从 2019 年起开始出现积极回升态势,如图 4-1 所示。2015 年起,针对新一代信息技术和智能化应用领域的迅速发展,科大讯飞加大了研发投入,在语音软件方面,开展了重要的战略布局。受外部因素影响,2016—2018 年,科大讯飞的营业利润率和营业净利率逐渐呈下降趋势。随着 2019 年行业环境的逐步改善,科大讯飞的两项关键指标开始稳步上升。从图 4-1 中可以看到科大讯飞的净资产收益率和总资产净利润率在2014—2017 年呈现出逐年下滑的趋势,但从 2018 年开始,两项指标开始逐步回升。这一转变与科大讯飞自 2017 年起加大研发投入后营业利润逐步增长密切相关。从 2019 年开始,研发投入所带来的利润增长效应越来越突出,进一步推动了科大讯飞盈利能力的稳步提升。

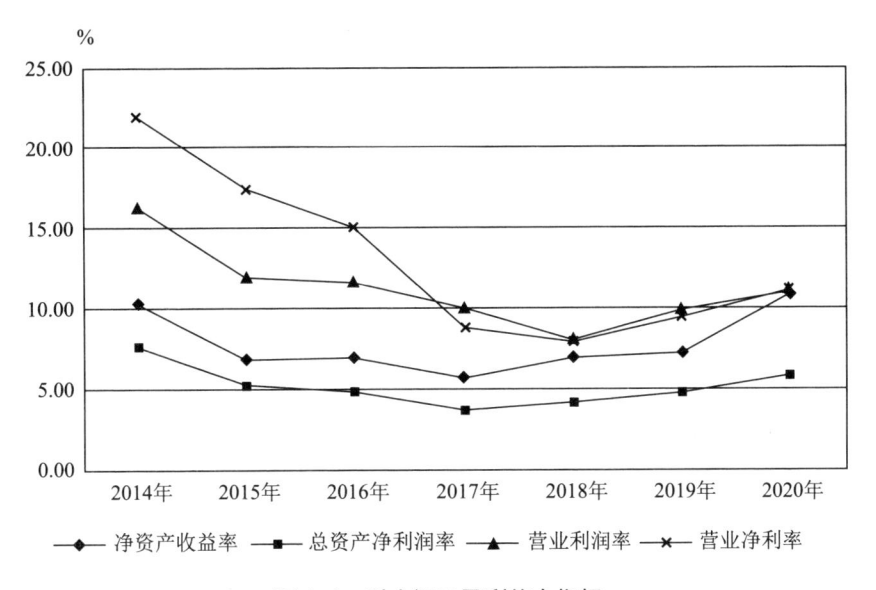

图 4-1 科大讯飞盈利能力指标

根据表 4-16 可发现,2014—2020 年,科大讯飞的营业收入呈持续增长态势。与此同时,其产品经营成本和经营收益也处于稳定增长阶段。需要注意的是,科大讯飞的营业收入增长率高于经营成本增长率,表明该公司在生产管理方面已经达到较高水平,产品的盈利水平相当可观,显示出良好的获益能力。

表 4-16 科大讯飞营业指标

年份	营业收入 / 万元	营业成本 / 万元	营业利润 / 万元	研发投入 / 万元
2014	177521	78758	28806	51806
2015	250080	127803	29775	57730
2016	332048	164298	38375	70913
2017	544469	264724	53952	114533
2018	791722	395655	62778	177274
2019	1007869	544046	98797	214346
2020	1302466	714843	143707	241624

注:数据来源于东方财富网《科大讯飞:2020 年年度报告》,发表日期为 2021 年 4 月 20 日。

经过对表 4-16 的深入分析,可以发现科大讯飞的营业收入与研究投入规模之间存在明显的正向关联性,两者的变化趋势高度一致。尤其是 2017 年之后,随着研发投入规模的逐年扩大,公司的营业收入增长,以 2019 年后的增长最为明显。这主要归因于研究经费的增加和科研人才的投入,提高了企业的研究水平和生产质量,增强了企业的稳定性,最终实现良好的获利能力。基于技术创新的原则和上述数据分析,可得出结论:科大讯飞在增加研究经费后,其获利水平呈现先减少、后提高的趋势,表明研发投入对企业绩效的提升存在一定的滞后效应。

(2)营运能力

科大讯飞的经营实力在资本运作规模与收益水平的动态变化中得到直观体现。企业对产业的持续创新、积极加大研发项目的投资力度,不仅推动了企业的稳定发展,也保障了其资本运作的良性循环。同时,在企业稳步增长趋势下为企业的产业链注入新活力,构建了持续健康发展的格局。

科大讯飞资本流动的周转效率较高，其资产的投资回报能力相对更强，可快速实现经济价值的积累，为企业的长期发展提供了坚实保障。由于企业具有稳固的资金链，是其维持市场竞争力的重要支撑，可保障产品市场的高占有率，降低坏账风险，体现出企业稳健的财务管理能力，以及良好的商业信誉。

图 4-2 所示的数据显示，科大讯飞应收账款周转率整体趋势呈上升态势。然而，2019 年应收账款周转率出现了一定程度的下降，可能由于同年科大讯飞面临较高的坏账风险，导致部分应收账款无法及时收回。整体来看，科大讯飞对于应收账款坏账风险的控制表现出足够的重视，积极努力提高资金回转能力，以提高企业资金的利用效率。从总资产周转率的角度来看，自 2014 年的 0.3738 次起，该指标逐年增长，到 2020 年增长为 0.5797 次。但是，科大讯飞的总资产周转率仍低于 0.8 次，反映出其在总资产利用方面仍存在一定不足，总资产运用水平有待提升。

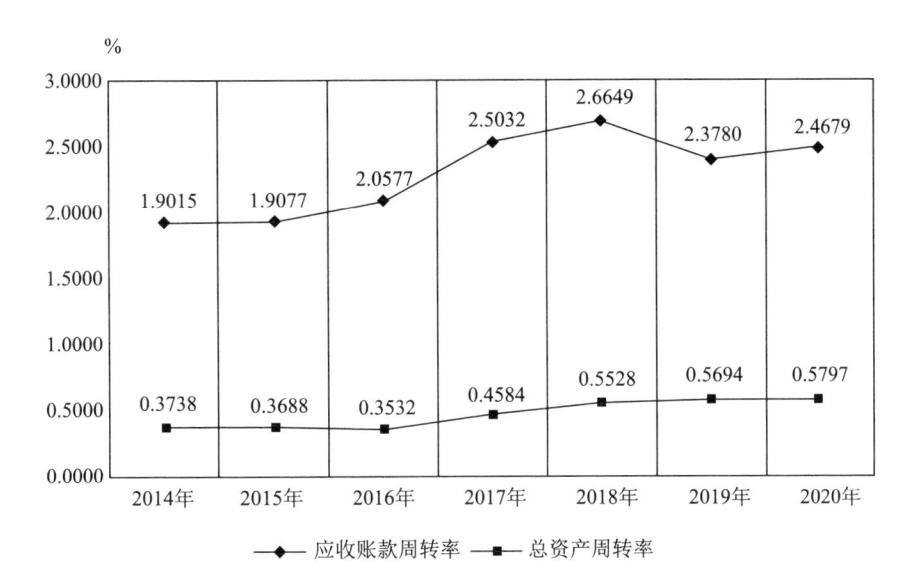

图 4-2 科大讯飞营运能力指标

（3）偿债能力

企业的资产负债率为核心财务指标，直观地揭示了企业在财务健康和经营发展层面的状况，是对企业偿债能力的综合评估，不仅考量了企业在短期内偿还债务的能力，也反映出其长期债务偿付的可靠性。通过分析该项目指标可准确判断企业当前清偿债务的能力，评估其整体财务实力及对应付款项的应对能力。

根据图4-3中的数据显示，科大讯飞的流动比率、速动比率和现金比率在考察期间表现出相似的变化趋势。2015年，所有比率均有所上升，但2016—2018年处于下滑期。2019年，三项比率短暂回升；2020年，再次呈下降趋势。应注意的是，在整个考察期间，其流动比率和速动比率均维持在1以上，显示出科大讯飞良好的财务健康状况。深入分析特定时间段的财务状况时，观察2014—2016年的数据，可以发现科大讯飞的流动比率持续高于2，速动比率稳定保持在1以上，标志着公司在此阶段具有稳健的财务状况、低风险水平及强大的偿债能力。2017—2020年，流动比率下降至小于2，速动比率接近1，可能是由于存货金额相对于流动负债较小，但科大讯飞仍保持着相对良好的偿债能力。现金比率方面，2014—2020年，科大讯飞均保持在0.2以上，2015年达到峰值1.6519，2018年低谷时期也保持在0.3796，高于基准线0.2。这充分表明科大讯飞在直接偿还流动负债方面具有较强的能力。2017年加大研发投入以来，科大

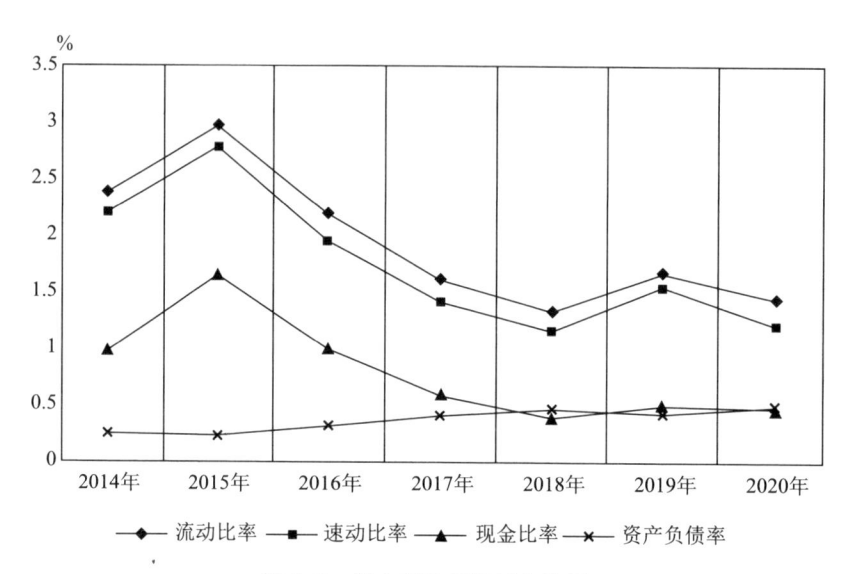

图4-3 科大讯飞偿债能力指标

讯飞的现金比率逐渐趋于平稳，反映出公司有效利用流动资产，提高了现金类资产的盈利水平。2014—2020年，科大讯飞的资产负债率虽呈上升趋势，但始终控制在50%以下，显示出：随着研发投入的增加，公司的融资能力得到了增强，偿债能力也保持在较高水平。

（4）发展能力

发展能力可称为成长潜力，是企业通过自身经营管理逐步拓展与积淀形成的潜在能力，其高低受外部发展环境、公司内部管理水平等因素的共同影响。

图4-4中的数据显示，2014—2020年，科大讯飞的财务增长情况呈现一定变化趋势。第一，从总资产增长率来看，2014—2020年，科大讯飞经历了一次明显增长，但随后增长率有所回落，降至24.12%。在净利润增长率和主营业务收入增长率的对比中，两者总体趋势均呈下滑态势。2017年是关键转折点，科大讯飞的净利润增长率首次出现负值，可能源于其为巩固和拓展人工智能领域的市场地位，加大了研发投入，导致利润总额减少。进入2018年，科大讯飞的主营业务收入增长率降低至45.41%，但净利润增长率却出现回升，从2017年的负值增长至28.96%，表明研发投入

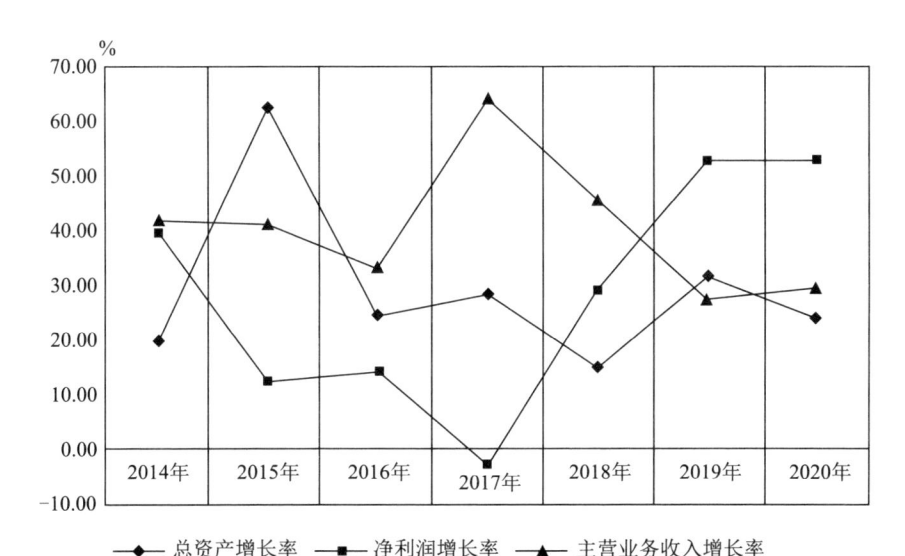

图4-4 科大讯飞发展能力指标

在初期可能对企业盈利产生压力，但随着业务的发展和研发投入，公司的盈利能力逐渐提高。2019—2020年，随着科大讯飞研发投入规模的不断扩大，公司净资产、净利润及主营业务收入的增速均趋于稳定，验证了研发投入对公司盈利能力的积极影响，而且揭示了影响可能存在的滞后效应，即研发投入虽然在短期内可能增加成本，但长期来看，有助于提升企业的盈利水平和市场竞争力。

2. 科大讯飞研发产出和专利申请情况

发明专利产出数是评价创新科研成果的关键指标。目前，我国专利体系包括发明专利、实用新型专利和外观设计专利等。国家发明专利因其深入的研究与较高的技术含量，成为极具研究价值的专利类型。由于发明专利审批流程复杂、周期长，尤其是国家发明专利需要至少两年的时间周期。因此，发明专利申请数量能真实、有效地反映各年度科研成果与质量，是衡量科研创新水平的重要依据。

根据表4-17和图4-5所示，2014—2020年，科大讯飞在专利申请数量方面总体呈现出逐年稳步增长的态势，其中仅在2015年稍有回落。同时，专利授权数量呈现出稳定的增长趋势。2017年，科大讯飞研发支出总额明显增长，其专利申请数量随之呈上升态势。2020年，其专利总数达到最大，充分表明科大讯飞对自主研发能力的重视程度逐渐提升，而且研发成果产出水平较高。

表4-17 科大讯飞研发产出情况

单位：项

年份	发明专利	实用新型	外观设计	专利总数
2014	82	11	10	103
2015	75	4	4	83
2016	78	3	6	87
2017	104	24	25	153
2018	246	78	17	341
2019	244	102	65	411
2020	380	102	78	560

图 4-5　科大讯飞专利申请情况

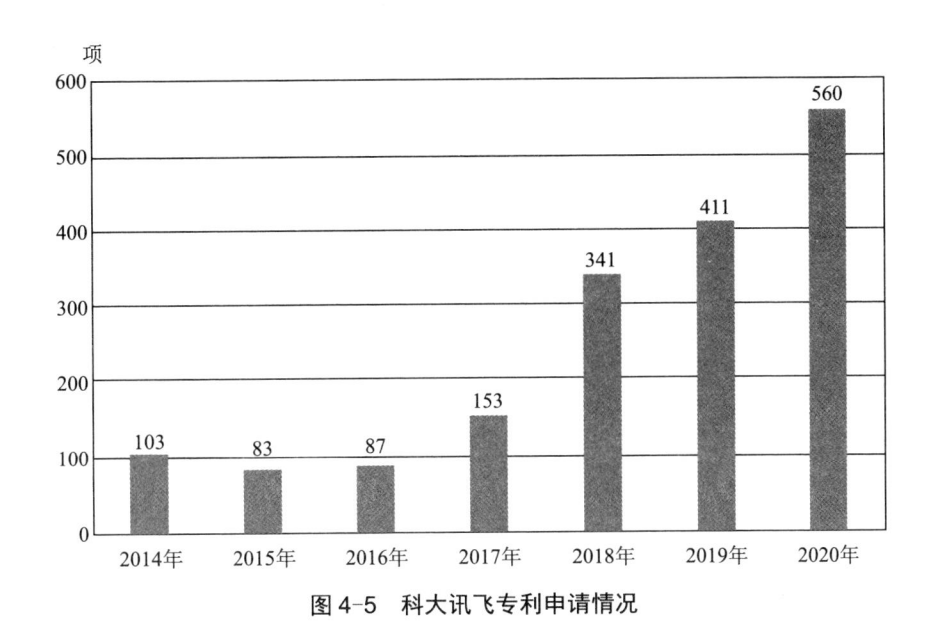

七、对策建议

（一）提高研发投入信息的完整性

当前的企业会计准则关于研发投入的信息披露方面存在一定不足。部分上市公司因担忧商业机密泄露，对于研发信息的披露采取保守策略，仅提供简化的数据。但是，对于投资者而言，了解企业的研发情况应是评估其长期投资价值的关键因素之一。在投资决策前，投资者需要深入了解企业的研发项目；投资后，也需要通过研发投入信息跟踪资金的使用情况。因此，为吸引并满足投资者的需求，企业可考虑在现有信息披露基础上提高研发项目情况的透明度，更全面地揭示项目的内容、进展和发展前景，让投资者更清晰地了解资金的使用情况，掌握企业未来的发展方向。同时，为保障信息披露的准确性，企业应完善内部披露机制，在保护核心技术和商业机密的前提下提供足够的信息支撑，以满足投资者的需求。这样，不仅有助于提升投资者对企业发展评估的准确性，也可加强内部监督，保障了企业运营的透明度。

（二）重视企业研发投入强度

企业应保持理性态度，严格审核研发项目。需要注意的是，并非要一味地投入研发，而是应基于企业的生命周期，掌握所属产业特性，开展有针对性的研发规划。此外，过高的研发强度也可能带来不必要的资源浪费，导致研发质量不高，影响企业的成长。企业需要在两者之间寻找平衡，保障研发投入既满足发展需求，也不会给企业造成过大负担，从而维护企业的可持续发展目标。

参考文献

[1] 本报评论员. 加快打造发展新质生产力的重要阵地 [N]. 新华日报，2024-06-03(001).

[2] 卜晓蕾. 人工智能与企业绩效——基于中国上市公司的经验发现 [D]. 北京：中央财经大学，2022.

[3] 曹雯莉. 智能化发展对制造业转型升级的影响研究 [D]. 南昌：南昌大学，2022.

[4] 曹雪艳. 海康威视数字化转型动因及绩效研究 [D]. 南昌：江西财经大学，2023.

[5] 晁江锋，常亚东. 人工智能对制造业劳动力就业的影响 [J]. 航空财会，2021, 3(2): 17-21.

[6] 陈丁冉. 政府补助下的科大讯飞企业绩效研究 [D]. 武汉：华中科技大学，2022.

[7] 陈恒，陈之殷. 新质生产力如何影响普通人生产生活 [N]. 光明日报，2024-06-13(07).

[8] 陈荟词. 牢牢把握高质量发展首要任务，积极培育和发展新质生产力 [N]. 中国改革报，2024-06-03(01).

[9] 陈进，孟园园. 人工智能应用对制造业企业绩效的影响：劳动力结构的中介作用与企业规模的调节作用 [J]. 中国劳动，2021(4): 28-46.

[10] 陈烁. 企业绩效管理的现存问题与对策研究 [J]. 企业改革与管理，2023(15): 60-62.

[11] 陈昱. 研发投入对人工智能企业绩效的影响研究——以海康威视为例 [D]. 广州：广东外语外贸大学，2020.

[12] 段积超. 新质生产力企业手册：新质商业方法论 [M]. 北京：北京理工大学出版社，2024.

[13] 盖凯程，韩文龙. 新质生产力 [M]. 北京：中国社会科学出版社，2024.

[14] 顾珊. 智能算法在数字化转型企业绩效评估中的应用 [J]. 集成电路应用，2024, 41(2): 318-319.

[15] 郭俊杉. 政府补助对企业绩效影响的研究——以科大讯飞为例 [D]. 大连：东北财经大学，2021.

[16] 郭志岗，李朝红. 人工智能企业战略变革与绩效的关系研究——基于内部控制的调节作用 [J]. 绿色财会，2020(1): 26-34.

[17] 韩飞，金琴花，郭广帅. 职业教育与新质生产力：创新生态系统理论视角下的双向赋能 [J]. 高教探索，2024(3): 58-64.

[18] 韩飞，金琴花. 新质生产力的基本内涵、动力机制及创新动能 [J]. 广西职业技术学院学报，2024，17(3): 1-7.

[19] 郝彬凯. 高质量利用外资支撑新质生产力涌现：内在逻辑与实践进路 [J]. 当代经济研究，2024(6): 16-25.

[20] 赫英强. 新质生产力赋能农业高质量发展的逻辑、堵点与路径 [J]. 当代农村财经，2024(6): 19-22.

[21] 洪银兴，高培勇. 新质生产力发展新动能 [M]. 南京：江苏人民出版社，2024.

[22] 黄辰，肖东. 大数据与人工智能背景下中小型企业绩效评价指标体系构建 [J]. 现代商业，2021(29): 50-52.

[23] 黄奇帆. 新质生产力 [M]. 杭州：浙江人民出版社，2024.

[24] 黄群慧. 读懂新质生产力 [M]. 北京：中信出版社集团，2024.

[25] 黄燕芬，杨宜勇. 和工会干部谈谈新质生产力 [M]. 北京：中国工人出版社，2024.

[26] 黄子岩，王自睿. 人工智能深度学习技术在企业员工绩效管理中的应用 [J]. 企业改革与管理，2024(1): 67-69.

[27] 姜家棋. 互补性资产、技术创新的组织联系与企业绩效 [D]. 呼和浩特：内蒙古大学，2020.

[28]《解读新质生产力》编写组. 解读新质生产力 [M]. 北京：新华出版社，2024.

[29] 荆文娜. 发展新质生产力与高质量充分就业相辅相成 [N]. 中国改革报，2024-06-03(01).

[30] 孔旭，郝飞燕，刘佩佩，等. 人工智能行业研发投入、创新策略与企业绩效——基于112家上市企业的实证研究 [J]. 科技管理研究，2021，41(8): 101-107.

[31] 李炳炎，余飞. 以新质生产力推进经济高质量发展的理论逻辑及实践路径 [J]. 当代经济研究，2024(6): 5-15.

[32] 李冬阳. 创新求变，写好写实新质生产力发展精彩答卷 [N]. 济南日报，2024-06-04(003).

[33] 李凤发. 破除似是而非的认识误区，加快发展新质生产力 [N]. 企业家日报，2024-06-04(003).

[34] 李嘉琳. 人工智能企业研发投入对企业绩效的影响研究——以科大讯飞为例 [D]. 沈阳：沈阳建筑大学，2023.

[35] 梁常运. 让新质生产力成为新乡高质量发展最鲜明的标识 [N]. 新乡日报，2024-06-04(01).

[36] 林晓玥. 人工智能采用强度对企业创新绩效的影响机理研究 [D]. 长春：吉林大学，2023.

[37] 刘春玲，刘思怡，王子奇.税收优惠与政府补助对我国人工智能类上市公司绩效的影响及作用机理探究[J].湖北经济学院学报(人文社会科学版)，2023，20(1): 45-47.

[38] 刘良琛.同花顺智能投顾模式及企业绩效影响研究[D].济南：山东大学，2023.

[39] 刘文静.人工智能应用对制造业企业经营绩效的影响研究[D].北京：中国石油大学，2022.

[40] 刘晓璇.高职院校技能人才培养赋能新质生产力的内在逻辑研究与路径探索[J].现代职业教育，2024(16): 149-152.

[41] 刘勇."两山论"对新质生产力的绿色赋能[J].理论与改革，2024(3): 1-11.

[42] 欧阳书凡.制造企业新一代信息技术吸收水平与企业绩效的关系研究[D].北京：北京邮电大学，2020.

[43] 齐丹丹，张伟成.新质生产力驱动黑龙江旅游发展的机制分析[J].边疆经济与文化，2024(6): 1-5.

[44] 钱学生.基于传统DEA和三阶段DEA模型的人工智能上市企业绩效研究[D].贵阳：贵州师范大学，2021.

[45] 曲安国.数字化转型、知识资源协奏与企业绩效——以我国制造企业为例[D].唐山：华北理工大学，2023.

[46] 任初轩.如何发展新质生产力[M].北京：人民日报出版社，2024.

[47] 宋衔.智能业高管股权激励对创新绩效的影响研究——基于研发投入的中介效应[D].南昌：江西农业大学，2020.

[48] 孙洁.数字技术投资对企业价值的影响研究——基于数字期权理论视角[D].北京：首都经济贸易大学，2020.

[49] 唐冰晶.金融科技赋能制造业——基于商业模式电商化调节效应研究[D].上海：华东政法大学，2023.

[50] 唐栋.外部资源获取对企业绩效的影响——以新一代信息技术产业为例[D].武汉：武汉纺织大学，2023.

[51] 唐文婷.机会窗口视角下企业创新战略及其绩效评价[D].武汉：武汉纺织大学，2023.

[52] 王宝慧.农村劳动力流动对新质生产力的影响研究[J].当代农村财经，2024(6): 2-6.

[53] 王东旭，白全民，张茹莹，等.技术创新进入时机对企业绩效的影响——以人工智能领域为例[J].科学与管理，2023，43(2): 10-17.

[54] 王刚.混合智能系统及其在商务智能中的应用研究[D].上海：复旦大学，2008.

[55] 王天姿，李金枝，袁宝龙.人工智能时代下绩效管理模式变革研究[J].今日财富，2019(6): 78-79.

[56] 王晓宇. 数字化转型对企业绩效的影响研究 [D]. 南昌：江西财经大学，2023.

[57] 王秀，郭薇，郭鑫颖. 管理会计在企业绩效管理中的应用研究 [J]. 商业文化，2021(3): 88-89.

[58] 王学义，何泰屹. 人力资本对人工智能企业绩效的影响——基于中国 282 家人工智能上市企业的分析 [J]. 中国人口科学，2021(5): 88-101+128.

[59] 王源，杨海丽. 新质生产力赋能农村共同富裕的逻辑机理与实现路径 [J]. 当代农村财经，2024(6): 7-13.

[60] 王梓宏. 智能算法在新能源企业价值因素评估中的应用 [J]. 集成电路应用，2024，41(2): 390-391.

[61] 韦江英. 智能化转型对制造业企业绩效的影响研究 [D]. 厦门：华侨大学，2022.

[62] 吴晨阳. 我国人工智能产业金融支持效率评价及因素分析 [D]. 贵阳：贵州财经大学，2023.

[63] 肖嘉欣，李冰倩. 基于改进平衡计分卡的企业绩效评价体系构建——以 K 公司为例 [J]. 环渤海经济瞭望，2024(1): 103-106.

[64] 肖梦婕. 人工智能导向对新创企业财务绩效的影响研究 [D]. 长沙：中南大学，2022.

[65] 肖巍，何云峰，陆敬波，等. 新质生产力与工会工作 [J]. 工会理论研究 (上海工会管理职业学院学报)，2024(3): 4-24.

[66] 徐振庭. 智能化政策对第三方支付平台企业绩效的影响研究 [D]. 上海：上海财经大学，2021.

[67] 杨伟，刘健，武健. "种群 – 流量"组态对核心企业绩效的影响——人工智能数字创新生态系统的实证研究 [J]. 科学学研究，2020，38(11): 2077-2086.

[68] 应里孟，阳杰，高曼如. 智能制造与企业绩效——基于 PSM-DID 方法的实证检验 [J]. 财会月刊，2020(12): 11-17.

[69] 于歌. 新质生产力赋能农业农村现代化的挑战及路径探讨 [J]. 当代农村财经，2024(6): 14-18.

[70] 袁梦姣. 互联网企业商业模式创新、风险应对水平对企业绩效的影响研究 [D]. 西安：西安理工大学，2023.

[71] 曾荣. 政府补助对高新技术企业绩效的影响研究——以科大讯飞为例 [D]. 南昌：华东交通大学，2021.

[72] 张涵钰，张文韬，李涛. 数字技术应用与企业绩效——基于中国上市公司的经验发现 [J]. 宁夏社会科学，2023(5): 118-129.

[73] 张亮，钱学生. 基于 DEA 模型的人工智能与高新技术上市企业绩效比较研究 [J]. 农村经济与科技，2021，32(14): 135-136+142.

[74] 张亮，钱学生. 人工智能上市企业创新绩效提升策略研究 [J]. 大众标准化，2021(15): 230-232.

[75] 张膺浩. 因地制宜发展新质生产力，着力推动沈阳振兴发展 [N]. 沈阳日报，2024-06-11(004).

[76] 张岳. 新质生产力与和谐共生 [J]. 云端，2024(24): 111-113.

[77] 张占斌，陈晓红，黄群慧. 新质生产力 [M]. 长沙：湖南人民出版社，2024.

[78] 张灼燕. 浅析企业绩效管理现状、面临的挑战与发展趋势 [J]. 企业改革与管理，2024(3): 83-85.

[79] 赵玲玲. 优化营商环境，发展新质生产力 [N]. 中国企业报，2024-06-04(001).

[80] 赵新乐. 发挥《著作权法》在发展新质生产力中的保障作用 [N]. 中国新闻出版广电报，2024-06-06(005).

[81] 赵振华，等. 经济前沿课：新质生产力 [M]. 北京：人民日报出版社，2024.

[82] 祝志勇，杨凤梅，李维莉. 新质生产力三维创新生态系统及水平测度分析 [J]. 云南财经大学学报，2024，40(6): 1-14.